VMO Expert

CB125986

Marcelo Antonelli

VMO Expert

8 passos para o VMO de sucesso

BRASPORT

Rio de Janeiro

2025

Copyright© 2025 por Brasport Livros e Multimídia Ltda.

Todos os direitos reservados. Nenhuma parte deste livro poderá ser reproduzida, sob qualquer meio, especialmente em fotocópia (xerox), sem a permissão, por escrito, da Editora.

Editor: Antonio Muniz
Produção Editorial: Monaliza Rosario
Editoração Eletrônica: Rinaldo Mickus e Gleyce R. B. Fernandes
Capa: Rinaldo Mickus

Técnica e muita atenção foram empregadas na produção deste livro. Porém, erros de digitação e/ou impressão podem ocorrer. Qualquer dúvida, inclusive de conceito, solicitamos enviar mensagem para **editorial@brasport.com.br**, para que nossa equipe, juntamente com o autor, possa esclarecer. A Brasport e o(s) autor(es) não assumem qualquer responsabilidade por eventuais danos ou perdas a pessoas ou bens, originados do uso deste livro.

Dados Internacionais de Catalogação na Publicação (CIP)
(Câmara Brasileira do Livro, SP, Brasil)

Antonelli, Marcelo VMO Expert : 8 passos para o VMO de sucesso / Marcelo Antonelli. --
Rio de Janeiro : Brasport Livros e Multimídia, 2025.

Bibliografia.
ISBN 978-65-6096-052-7

1. Administração 2. Cultura organizacional 3. Equipes no local de trabalho - Desenvolvimento 4. Estratégia empresarial 5. Gestão de negócios 6. Inovações 7. Inovação 8. Líderes I. Título.

25-259320 CDD-658.4012

Índices para catálogo sistemático:

1. Estratégia empresarial : Administração executiva 658.4012

Eliete Marques da Silva - Bibliotecária - CRB-8/9380

BRASPORT Livros e Multimídia Ltda.
Rua Sete de Setembro, 48, 3º andar, loja 301
Centro, Rio de Janeiro, RJ, CEP 20050-009
Tel./Fax: (21)2568.1415
e-mails: administrativo@brasport.com.br
vendas@brasport.com.br
editorial@brasport.com.br
www.brasport.com.br

Dedicatória

Dedico este livro à minha esposa, Maria Fernanda, amor da minha vida, companheira de todas as jornadas, cujo apoio incondicional e amor são a minha maior fortaleza.

E aos meus filhos, Mateus e Bianca, minha inspiração diária, razão do meu orgulho e motivação para sempre seguir em frente, buscando um futuro melhor. Vocês são o meu maior legado.

Agradecimentos

A realização deste livro foi possível graças ao apoio e à colaboração de muitas pessoas e instituições que, direta ou indiretamente, contribuíram para sua construção.

Agradeço, em primeiro lugar, aos meus pais, Marco e Neusa, por todo o apoio, os valores e os ensinamentos que me trouxeram até aqui. O incentivo ao aprendizado, à dedicação e à busca por excelência sempre foram fundamentais na minha trajetória.

A família é a base de tudo, e sou grato a cada um dos meus familiares que, de diferentes formas, contribuíram para a minha caminhada. O apoio incondicional, os momentos de incentivo e as palavras certas nos momentos desafiadores foram essenciais para que este projeto se tornasse realidade.

A todos os profissionais, executivos, líderes e colegas com quem tive a oportunidade de trocar experiências ao longo dos anos. Suas reflexões, seus desafios e seus aprendizados enriqueceram esta obra e ajudaram a consolidar a gestão de valor dentro das organizações.

Aos professores, alunos e profissionais que participaram da **Formação e Mentoria VMO Expert**. Suas contribuições e dúvidas ajudaram a refinar conceitos e a torná-los aplicáveis no dia a dia das empresas.

À comunidade de gestão de projetos, programas, portfólio e valor, que sempre se mostrou engajada e disposta a compartilhar conhecimento, promovendo o crescimento da nossa área e impulsionando a transformação organizacional.

Aos meus amigos, cujo apoio incondicional e cujas palavras de incentivo tornaram esta jornada mais leve e significativa.

E, por fim, a cada profissional que busca diariamente transformar organizações por meio da entrega de valor, conectando estratégia, execução e impacto real. Que este livro seja uma ferramenta útil em sua jornada.

Muito obrigado!

Marcelo Antonelli

Apresentação

Ao longo da minha trajetória na gestão de projetos e em iniciativas estratégicas, sempre me questionei sobre a real efetividade das organizações em gerar impacto sustentável. Vi muitas empresas investirem tempo, dinheiro e esforço em projetos, processos e iniciativas que, no final, não entregavam um retorno proporcional. O problema não estava apenas na execução, mas na falta de uma visão estruturada sobre **o que realmente gera valor** e como garantir que esse valor fosse entregue de forma consistente. Foi essa inquietação que me levou a aprofundar meus estudos e a atuar na implantação de **VMOs – *Value Management Offices***.

Em um mundo onde a competitividade e a transformação são constantes, organizações precisam tomar decisões cada vez mais embasadas para maximizar seus investimentos. No entanto, muitas ainda operam sem um mecanismo estruturado para definir, medir e gerenciar o valor de suas iniciativas. O **VMO surge como um modelo essencial para conectar estratégia e execução**, garantindo que cada ação – seja ela um projeto, um processo ou uma decisão operacional – esteja alinhada a objetivos claros e gere impacto real para a organização.

Não importa se a entrega de valor ocorre por meio de **projetos preditivos, métodos ágeis ou abordagens híbridas, com equipes internas ou fornecedores externos**. O que realmente importa é ter um modelo de gestão que assegure que cada esforço contribua para resultados concretos e mensuráveis.

Neste livro, apresento o **método VMO Expert**, um modelo estruturado e replicável para a implementação de um ***Value Management Office* eficaz**. O objetivo não é apenas apresentar um conceito, mas fornecer um **passo a passo prático** que pode ser adotado por qualquer organização que busca garantir que seus investimentos resultem em valor tangível.

Você encontrará os **8 passos fundamentais do método VMO Expert**, além de reflexões sobre os desafios enfrentados e as melhores práticas para garantir sua **sustentabilidade a longo prazo**. Este livro é um guia para líderes, gestores e profissionais que desejam transformar a maneira como suas empresas geram e capturam valor.

Minha intenção ao escrever esta obra foi criar um material que **provoque reflexões e inspire a ação. Gestão de valor não é uma metodologia específica, nem um modismo passageiro; é uma mudança estrutural na forma como o valor é gerenciado dentro das organizações**. Independentemente da abordagem utilizada, o que realmente importa é garantir que **valor seja priorizado, entregue e continuamente aprimorado**.

O método VMO Expert é um roteiro estruturado e comprovado, baseado em 8 passos claros, que permitirá a implementação de um VMO de sucesso, capaz de transformar sua organização e maximizar a entrega de valor.

Espero que este conteúdo seja útil para sua jornada profissional e que, ao final da leitura, você esteja pronto para aplicar esses conceitos na sua realidade. Seja bem-vindo a esta imersão no universo do ***Value Management Office***, explorada ao longo das próximas páginas.

Boa leitura!

Marcelo Antonelli

Sobre o autor

Sou Marcelo Antonelli, especialista em Gestão de Valor, com sólida experiência em gestão de projetos, programas e portfólio, além de gestão de pessoas e governança. Com mais de 30 anos de experiência, sendo mais de 23 em gestão de projetos, construí minha trajetória profissional em posições estratégicas de liderança, sempre focado em conectar estratégia, execução e geração de impacto sustentável.

Atualmente, sou consultor e mentor em gestão de valor e implantação de VMOs, além de professor de MBA em diversas instituições. Já coordenei MBAs em Gestão de TI & Transformação Digital, Inteligência Artificial e Gestão de Projetos, e hoje sou responsável pelo MBA Executivo em Liderança Estratégica de TI. Também sou palestrante e *LinkedIn Top Voice*, impactando milhares de profissionais por meio de conteúdos, treinamentos e capacitações.

À frente da minha empresa, Marcelo Antonelli – Transformação Profissional, desenvolvi iniciativas voltadas para a capacitação e o suporte a profissionais e organizações na estruturação de VMOs e no desenvolvimento de líderes estratégicos. Entre essas iniciativas, destaco:

- **Formação VMO Expert:** programa 100% gravado, permitindo que os participantes avancem no conteúdo de forma flexível e estruturada, com aulas detalhadas sobre metodologias, *frameworks* e ferramentas para implementação e otimização de VMOs.
- **Mentoria VMO Expert:** programa voltado para o desenvolvimento de profissionais que desejam se tornar líderes de alto impacto, capazes de entregar valor continuamente para suas empresas e clientes. A mentoria também apoia aqueles que buscam implantar VMOs ou transformar PMOs em VMOs, mas seu escopo vai além, abrangendo estratégias avançadas de liderança e gestão de valor.

Os encontros são ao vivo, conduzidos por mim, com participação de convidados, proporcionando um acompanhamento estratégico e interativo.

- **Café com VMO:** *live* transmitida todas as quintas-feiras pela manhã em todas as minhas plataformas: YouTube, LinkedIn, Facebook e Instagram (@marceloantonellioficial). Esse espaço se tornou uma referência para profissionais que desejam acompanhar discussões estratégicas sobre gestão de valor, governança, portfólio e transformação organizacional.
- Eventos exclusivos, como o **VMO 360** e o **VMO na Prática**, para disseminar boas práticas e tendências na área.
- Certificações **VMO Foundation** (ao concluir com sucesso a Formação), **VMO Practitioner** (ao participar do Workshop Prático) e **VMO Expert** (ao concluir a Mentoria) completam o rol de iniciativas.

Ao longo da carreira, exerci cargos de *Head* de Agilidade e Projetos Estratégicos (VMO) na Prodam, Gerente de Grandes Projetos, Programas e Portfólio em empresas como Vale, Bradesco, Cielo, Petrobras, Claro, Oi e TIM, além de *Chief Operating Officer* (COO) em uma estrutura jurídica.

Além da atuação corporativa, sempre estive envolvido com iniciativas voltadas para o desenvolvimento da comunidade de gestão de projetos, programas e portfólio. Fui Vice-Presidente do PMI Rio de Janeiro, além de atuar como Diretor de Inovação, Diretor de Marketing e Comunicação e Diretor de *Networking* no PMI São Paulo. Durante esse período, liderei a organização de eventos de grande impacto, como o TransformatiON 360 e o PMO Experience, além de estruturar programas de capacitação para profissionais da área. Também fui o idealizador do Programa Next Gen, que posteriormente inspirou diversos capítulos do PMI ao redor do mundo, ampliando o alcance da capacitação de novas gerações de profissionais em gestão de projetos.

Ao longo dos anos, venho me dedicando a transformar a maneira como empresas e profissionais estruturam e entregam valor. Com este livro, compartilho a experiência adquirida ao longo da minha jornada, oferecendo atalhos para aqueles que querem parar de operar no escuro e começar a tomar decisões estratégicas baseadas em impacto real. Aqui você encontrará um passo a passo validado para transformar complexidade em clareza, esforço em resultado e estratégia em valor tangível.

Acesse o *QR code* para mais informações:

Sumário

PARTE I. FUNDAMENTOS DO SUCESSO NA ENTREGA DE VALOR....................27

Sua jornada para se tornar um expert na entrega de valor.......................... 28

Por que seguir essa jornada?...29

Um caminho de descobertas...30

1. O que é entrega de valor 31

O valor está nos olhos de quem o recebe 32

Por que a entrega de valor é essencial?..33

Trabalho vs. entrega de valor 33

O VMO como facilitador da entrega de valor..34

2. PMO vs. VMO — A evolução da entrega de valor 35

***Outputs* vs. *outcomes*..35**

O papel do PMO: governança e eficiência na execuçãc de projetos 36

O foco do VMO: resultados e impacto estratégico.................................... 37

O PMO e o VMO podem coexistir? 38

3. A abrangência do VMO — Foco em valor para toda a organização..........40

Muito além de projetos..40

Integração de processos, governança e estratégia.................................41

Exemplos de como o VMO transforma organizações.................................43

Conclusão 43

4. O método VMO Expert – 8 passos para a entrega contínua de valor 44

Os 8 passos do método VMO Expert 44

Como esses 8 passos se integram 46

O que você ganhará ao aplicar o método VMO Expert? 47

PARTE II. OS 8 PASSOS PARA SER UM EXPERT NA ENTREGA DE VALOR 49

5. Passo 1 – Alinhamento estratégico 50

Construindo a base para a entrega de valor 50

O que é alinhamento estratégico? 50

Os 8 elementos do alinhamento estratégico 51

1. Missão 51

2. Visão 51

3. Estratégia 52

4. Valores 52

5. Cultura 52

6. Estrutura organizacional 53

7. Liderança 53

8. Comunicação 53

Benefícios do alinhamento estratégico 53

1. Coerência e consistência 54

2. Melhoria da eficiência operacional 54

3. Engajamento dos colaboradores 55

4. Adaptabilidade organizacional 56

5. Sustentabilidade nos resultados 56

Passos para alcançar o alinhamento estratégico 57

Conclusão 58

6. Passo 2 – Governança de valor 59

Construindo decisões sustentáveis e estratégicas 59

Pilares da governança de valor 59

1. Transparência e prestação de contas 59

2. Estrutura sólida e ética 60

3. Gestão de riscos e sustentabilidade 61

Como implementar a governança de valor 61

1. Estabelecer políticas e diretrizes 61

2. Mapear e monitorar fluxos de valor 62

3. Comunicação contínua 62

Exemplos fictícios com base na minha experiência 62

Conclusão 63

7. Passo 3 – Cultura da inovação 64

A inovação como pilar da entrega de valor 64

O que é cultura organizacional e como ela impacta a inovação? 64

Os 8 tipos de cultura organizacional e sua relação com a inovação 65

1. Cultura de aprendizado (flexibilidade e independência) 65

2. Cultura de propósito (flexibilidade e interdependência) 66

3. Cultura de acolhimento (flexibilidade e interdependência) 66

4. Cultura de ordem (estabilidade e interdependência) 66

5. Cultura de segurança (estabilidade e interdependência) 67

6. Cultura de autoridade (estabilidade e independência) 67

7. Cultura de resultados (estabilidade e independência) 68

8. Cultura de prazer (flexibilidade e independência) 68

Cultura x estratégia: a força da integração 68

Cultura como parte da estratégia 69

O papel do VMO na construção da cultura de inovação 69
Tipos de inovação 70
1. Incremental (mercado e tecnologia existentes) 71
2. Disruptiva (mercado existente e tecnologia nova) 71
3. Arquitetônica (mercado novo e tecnologia existente) 71
4. Radical (mercado novo e tecnologia nova) 72
Estratégias práticas para implementar a cultura de inovação no VMO 72
1. Definir o que é valor antes de inovar 72
2. Criar métricas de impacto 73
3. Fomentar uma cultura de experimentação 74
4. Promover colaboração contínua 74
5. Capacitar equipes 75
Conclusão 76
8. Passo 4 — Times de valor 77
O que são times de valor? 77
Comportamentos dos times de valor 78
1. O teste dos macacos 78
2. O teste da sala de espera 78
Os 3 "cérebros" 79
1. Cérebro reptiliano — O guardião instintivo 79
2. Cérebro límbico — O conector emocional 80
3. Neocórtex — O estrategista racional 80
Integração dos 3 cérebros nos times de valor 80
Neuroplasticidade e sinapses: a base para o aprendizado contínuo 81
Neuroplasticidade: capacidade de adaptação 81
Sinapse: o conector do conhecimento e das emoções 82

Transformando neurociência em prática ... 82

Inteligência emocional ... 83

QI vs. QE ... 83

Por que o QE importa mais nos times de valor? ... 83

Os 4 pilares da inteligência emocional ... 84

Como integrar QI e QE nos times de valor? ... 84

Inteligência emocional na prática: estratégias para os times de valor ... 85

1. Pratique a empatia no cotidiano ... 85

2. Estabeleça *feedback* contínuo e construtivo ... 85

3. Promova a autoconsciência e o autogerenciamento ... 86

4. Reforce a consciência social na equipe ... 86

5. Gerencie relacionamentos com propósito ... 86

Inteligência emocional em momentos de crise ... 87

Você é a média das 5 pessoas com quem mais convive ... 87

Escolhendo as 5 pessoas certas ... 88

A dinâmica de influência nos times de valor ... 89

Conclusão ... 89

Características dos times de valor ... 90

1. Multifuncionalidade ... 90

2. Foco no valor ... 91

3. Flexibilidade ... 91

Vantagens de uma boa comunicação nos times de valor ... 91

1. Responsabilidades claras ... 91

2. Melhoria no entendimento ... 92

3. Aumento da eficiência ... 92

Do mundo VUCA ao mundo BANI: a nova realidade para times de valor ... 92

O que era o mundo VUCA? 93
Por que o VUCA não faz mais sentido? 93
O mundo BANI: a nova realidade 94
Antifragilidade: resposta para o mundo BANI 94
Como os times de valor devem se comportar no mundo BANI? 95
Diversidade e equidade nos times de valor 96
Impacto global 97
Benefícios da diversidade 97
Benefícios da equidade 97
Como promover diversidade e equidade nos times de valor 98
Diversidade e equidade como catalisadores de valor 99
Modelo de Tuckman: o ciclo de desenvolvimento dos times de valor 99
Os 5 estágios do modelo de Tuckman 99
O impacto das mudanças no time 101
Aplicando o modelo de Tuckman nos times de valor 101
9. Passo 5 — Implantação do VMO 103
Por que o VMO é essencial para as organizações? 103
Por que este passo é fundamental? 103
O que é um VMO? 104
Realizando uma avaliação inicial 105
Componentes da avaliação inicial 107
Alinhando o VMO à estratégia organizacional 110
Como alinhar o VMO à estratégia? 110
Desafios comuns e como superá-los 111
O papel da iniciativa proativa 113
Justificando a implementação do VMO 113

1. *Business case:* o caminho estratégico 113
2. *Benchmarking:* comparando com os melhores 114
3. Identificação de vulnerabilidades: mitigando riscos 114
4. Custo e benefício com ROI: a justificativa financeira 115
Posicionando o VMO 116
1. VMO estratégico 116
2. VMO tático 116
3. VMO tático *cross* 117
4. VMO operacional 118
5. VMO de *holding* estratégica 119
6. VMO de subsidiária 120
Definindo as funções do VMO 121
Implantando o VMO como um projeto estratégico 123
Passo a passo da implementação 126
10. Passo 6 – Tecnologia sustentável 129
O papel da tecnologia sustentável no VMO 130
1. Alinhamento com a estratégia 130
2. Foco na sustentabilidade 130
3. Criação de uma origem única de dados 131
4. Automação e eficiência operacional 131
5. Conectividade e colaboração 131
Critérios para escolher tecnologias sustentáveis 132
O que é a fonte única de dados? 133
Benefícios da fonte única de dados 134
Implementando a fonte única de dados 134
Ferramentas tecnológicas sustentáveis: escolhas estratégicas para o VMO 135

Características das tecnologias sustentáveis 135
Critérios de seleção 136
Estratégias para implantação 137
Riscos no uso de tecnologias no VMO 138
1. Dependência excessiva de ferramentas 138
2. Desalinhamento estratégico 138
3. Subutilização das ferramentas 138
4. Resistência à mudança 138
5. Falta de integração com sistemas existentes 139
Estratégias para mitigar riscos 139
Tecnologias sustentáveis no contexto do VMO 140
Princípios das tecnologias sustentáveis no VMO 140
Exemplos práticos de tecnologias sustentáveis no VMO 141
Benefícios de adotar tecnologias sustentáveis no VMO 141
Passo a passo para implantação da tecnologia sustentável no VMO 143
Conclusão 145
11. Passo 7 – Comece pequeno e cresça 146
A estratégia de começar pequeno 146
Por que começar pequeno? 147
Vantagens de começar pequeno 147
Como estruturar um piloto para o VMO 148
Definir um objetivo 148
Escolher a área 148
Desenvolver o plano 149
Engajar *stakeholders* 149
Implementar e monitorar 149

Avaliar e ajustar 149
Benefícios de começar pequeno 150
Passo a passo para começar pequeno e crescer 151
Prototipação, provas de conceito e MVP no contexto do VMO 152
1. Prototipação 152
2. Prova de conceito (*Proof of Concept* - POC) 152
3. MVP (*Minimum Viable Product*) 153
Gestão de mudanças na abordagem "comece pequeno e cresça" 154
1. A importância da gestão de mudanças 154
2. Métodos estruturados para gestão de mudanças 154
3. Aplicação prática no VMO 155
Ampliação gradual: do local ao global 156
1. Escalabilidade planejada 156
2. Estratégias para ampliar o impacto 157
Conclusão 158
12. Passo 8 – Entrega contínua de valor 159
A importância da entrega contínua de valor 159
O que é entrega contínua de valor no contexto do VMO? 159
Pilares da entrega contínua de valor 162
Foco no cliente 162
Agilidade organizacional 162
Governança e transparência 162
Melhoria contínua 163
Sustentabilidade tecnológica 163
Estratégias para sustentar a entrega contínua de valor 163
1. *Feedback* 163

2. Indicadores de valor 164

3. Priorização 164

4. Capacitação 165

5. Adaptação 165

Indicadores de projetos vs. indicadores de valor no VMO 166

Indicadores de projetos: o tático 166

Indicadores de valor: o estratégico 167

Como implementar no VMO? 168

Conclusão 168

Transformando uma organização para a prática da entrega contínua de valor 168

Contexto 169

Passo 1: diagnóstico inicial 169

Passo 2: estruturação de um ciclo de entrega contínua 169

Resultados alcançados 170

Aprendizados-chave 170

Conclusão 170

Olhando para o futuro 171

Do passo 8 ao passo 1: reiniciando o ciclo 171

O papel do VMO na consolidação 172

Preparando o terreno para o futuro 172

PARTE III. CONCLUSÃO E PRÓXIMOS PASSOS 173

13. O caminho à frente 174

Recapitulando os 8 passos do VMO Expert 174

A jornada contínua de um expert em entrega de valor 175

Convite para continuar aprendendo e aplicando 176

Por que continuar aprendendo é essencial? 176

Convite final 177

14. Perguntas de reflexão e autoavaliação 178

A importância da reflexão e autoavaliação 178

Perguntas de reflexão e autoavaliação 179

Ferramentas de autoavaliação 181

1. Roda da vida profissional 181

2. Autoavaliação baseada em KPIs 181

3. *Feedback* 360° 182

4. Diário de reflexão 182

5. Análise SWOT pessoal 182

15. Próximos passos – Consolidando sua jornada como expert na entrega de valor 183

Recapitulação e reflexão 183

Continue aprendendo – Formação VMO Expert 184

Acelere resultados – Mentoria VMO Expert 184

Conclusão 184

***Case* COPEL 185**

A revolução da geração de valor no PMO da COPEL 185

A estrutura da COPEL e o papel da COPEL GET 185

A transformação da COPEL e a jornada para a geração de valor 186

Identificando o que é valor na COPEL 186

A metodologia de avaliação de geração de valor 189

Fase 1 - Conceito de valor 189

Fase 2 - Definição dos pilares e Mapa de Valor (avaliação qualitativa) 191

Fase 3 - Mapeamento do fluxo de valor 195

Fase 4 - Fluxo de valor resumido (avaliação quantitativa) 197

Fase 5 - Integrar fluxos com Mapa de Valor 198

Fase 6 - O valor na linha do tempo ... 199

Resultados concretos e impacto estratégico ... 200

Conclusão: o futuro do PMO da COPEL ... 201

Referências ... 202

Sobre a Brasport ... 203

PARTE I. FUNDAMENTOS DO SUCESSO NA ENTREGA DE VALOR

Sua jornada para se tornar um expert na entrega de valor

Vivemos em um mundo onde a capacidade de entregar valor não é apenas desejável — é essencial. Profissionais que conseguem alinhar suas ações às necessidades estratégicas e gerar resultados concretos são os que se destacam em meio à multidão. Mas o que significa, de fato, **entregar valor**? E, mais importante: como você pode dominar essa habilidade e se tornar um expert nessa arte?

Você pode estar pensando: já ouvi falar sobre valor, já sei o que significa ser estratégico. Mas o que vou apresentar aqui vai além da teoria convencional. O método **VMO Expert** foi desenhado para oferecer uma abordagem prática, aplicável e comprovada. Ao longo deste livro, você será guiado por **8 passos**, cada um cuidadosamente estruturado para levá-lo mais perto da maestria em **entrega de valor**.

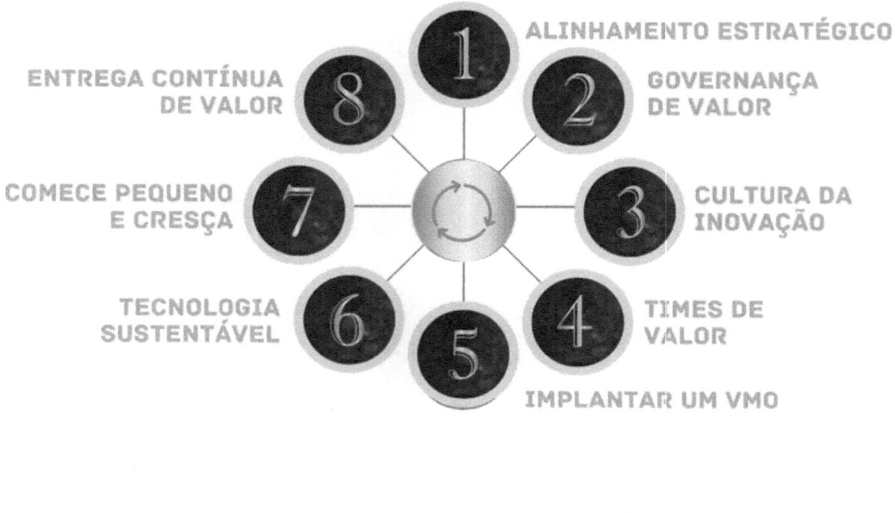

Esses passos não são apenas um roteiro — são o início de uma jornada de transformação. Não importa qual seja o seu papel atual ou onde você se encontra na sua carreira. O que você aprenderá aqui pode ser aplicado por líderes, gestores, empreendedores e profissionais de qualquer setor que buscam elevar seu impacto e conquistar um diferencial competitivo.

Por que seguir essa jornada?

Se você chegou até aqui, algo o impulsiona a buscar mais. Talvez você sinta que, apesar de suas conquistas, ainda há algo a ser ajustado, algo que possa maximizar o valor do que você entrega em cada projeto, em cada interação, em cada decisão. Os **8 passos** que você encontrará neste livro foram projetados para ajudá-lo a **desbloquear esse potencial oculto** e atingir novos níveis de resultados.

Mas aqui vai uma verdade que poucos compartilham: **valor real** não é algo que simplesmente aparece quando você trabalha duro. Ele surge quando você **alinha estratégia e execução intencionalmente**, e quando cada ação que você toma está conectada a um propósito claro. Essa é a diferença que faz profissionais serem vistos como indispensáveis, não importa o mercado ou a função.

Cada um dos próximos capítulos vai revelar uma peça importante deste quebra-cabeça. Vamos explorar como o **alinhamento estratégico** pode mudar a forma como você toma decisões e direciona esforços. Vamos mergulhar na **governança de valor** e na **cultura de inovação**, sempre com o foco em entregar resultados que vão além do esperado. Você vai perceber que, em cada um desses passos, há um novo nível de impacto a ser explorado.

Mas o que eu convido você a fazer é **não parar por aqui**. A verdadeira transformação começa quando esses conceitos são colocados em prática, quando você consegue integrá-los à sua rotina e, mais ainda, quando você descobre o poder de aplicá-los de maneira única, adaptados às suas necessidades e ao seu contexto.

Um caminho de descobertas

A jornada que você está prestes a iniciar é cheia de descobertas. Cada passo tem o potencial de abrir portas que, talvez, você ainda nem sabia que existiam. À medida que avança, você perceberá que cada *insight* leva a novos questionamentos, novas oportunidades, e, com isso, uma nova maneira de pensar e agir.

Este livro é o seu guia inicial, mas, como todo guia, ele é apenas o começo de uma exploração mais profunda. O que você fará com o conhecimento aqui adquirido? Como você vai levar essa visão para o próximo nível? São essas perguntas que vão te acompanhar ao longo dessa jornada.

O que você encontrará a seguir pode mudar sua perspectiva de como o trabalho é feito, de como o valor é entregue e, principalmente, de como o seu impacto pode ser multiplicado. Convido-o a seguir com curiosidade, a absorver cada etapa e a se preparar para uma mudança significativa na forma como você vê sua atuação profissional.

Vamos começar.

Bem-vindo ao VMO Expert!

1. O que é entrega de valor

Você já parou para pensar o que significa **entregar valor** no contexto do seu trabalho? Muitas vezes, somos levados a acreditar que entregar valor significa simplesmente fazer bem o nosso trabalho, cumprir prazos ou alcançar metas. Embora isso seja importante, **entregar valor** vai muito além disso. É sobre gerar um impacto positivo e significativo para a organização e para os *stakeholders* envolvidos. Trata-se de fazer com que o que você entrega seja reconhecido como essencial para o sucesso de um projeto ou estratégia maior.

A entrega de valor está diretamente ligada ao impacto que suas ações, decisões e resultados geram para a organização e seus *stakeholders*. **Mas o que exatamente significa "valor"?** O valor que você entrega pode assumir diversas formas, dependendo do contexto e das necessidades da empresa ou dos clientes a que você atende. Vamos explorar algumas das formas mais comuns de **entrega de valor**:

1. **Maximização do lucro.** É um dos exemplos mais diretos e mensuráveis de entrega de valor. Isso pode ser feito ao otimizar processos, melhorar a eficiência ou identificar novas oportunidades de receita. Profissionais que conseguem gerar mais lucro para a empresa são altamente valorizados, pois contribuem diretamente para o crescimento financeiro da organização.
2. **Redução de despesas.** Isso pode envolver o corte de custos desnecessários, a automação de processos ou a renegociação de contratos. Em tempos de incerteza econômica, essa é uma das formas mais apreciadas de gerar valor, pois impacta diretamente a saúde financeira da empresa.
3. **Aumento da satisfação dos clientes.** O valor também pode ser entregue por meio da **melhoria da experiência do cliente**. Profissionais que conseguem aprimorar o atendimento, personalizar serviços ou produtos e garantir que os clientes fiquem satisfeitos

e voltem a comprar estão agregando valor de forma significativa. A retenção e a fidelização de clientes são fatores mais críticos para o sucesso a longo prazo de qualquer organização.

4. **Aumento da satisfação dos funcionários.** Valor também pode ser criado internamente, ao melhorar a **satisfação dos funcionários**. Profissionais que atuam como líderes ou gestores podem entregar valor ao garantir que suas equipes estejam motivadas, produtivas e alinhadas com os objetivos da empresa. Equipes satisfeitas tendem a ser mais inovadoras, colaborativas e eficientes, resultando em maior produtividade e retenção de talentos.
5. **Melhoria da imagem e reputação da empresa.** A **imagem** e **reputação** de uma empresa são ativos intangíveis, mas que têm um impacto direto no seu sucesso. Profissionais que conseguem posicionar a empresa como inovadora, ética ou socialmente responsável entregam valor ao melhorar a percepção pública e aumentar a confiança dos clientes e parceiros. Isso pode ser feito por meio de campanhas de marketing, iniciativas de sustentabilidade ou programas de responsabilidade social.
6. **Inovação e diferenciação.** Em um mundo onde o mercado muda rapidamente, a capacidade de **inovar** e se **diferenciar** dos concorrentes é um dos maiores geradores de valor. Profissionais que lideram iniciativas inovadoras, que introduzem novos produtos ou serviços ou que ajudam a empresa a adotar novas tecnologias estão entregando um valor que pode transformar radicalmente a competitividade da organização.

O valor está nos olhos de quem o recebe

É importante lembrar que o valor é sempre relativo ao **contexto** e às **necessidades**. O que é visto como valor em uma organização pode não ser o mesmo em outra. Por isso, profissionais que conseguem identificar e se adaptar ao tipo de valor que sua empresa ou cliente precisa são aqueles que se destacam.

Entregar valor não significa apenas seguir um conjunto de tarefas ou metas estabelecidas. É sobre **compreender** o que é mais importante para a empresa, seus clientes e *stakeholders*, e moldar suas ações para garantir que essas necessidades sejam atendidas da melhor forma possível.

Por que a entrega de valor é essencial?

A entrega de valor está se tornando cada vez mais essencial em um mundo profissional que valoriza a **eficiência**, a **agilidade** e a **inovação contínua**. Não se trata de apenas "fazer o trabalho", mas de como esse trabalho impacta o crescimento, a experiência e os resultados da organização.

Organizações que entendem o conceito de valor são mais adaptáveis, mais ágeis e mais capazes de crescer a longo prazo. E os profissionais que entregam valor consistentemente são aqueles que são promovidos e reconhecidos.

Veja por que a entrega de valor é tão essencial:

- **Reconhecimento e crescimento profissional:** quando você entrega valor, você se torna uma peça-chave no sucesso da organização. Isso leva ao reconhecimento e a oportunidades de crescimento e promoção.
- **Sustentabilidade no sucesso organizacional:** organizações que cultivam uma cultura de valor tendem a ser mais inovadoras e a ter melhores resultados financeiros, uma vez que o foco vai além do cumprimento de metas de curto prazo.
- **Adaptabilidade em um mercado competitivo:** o mercado está em constante evolução, e as organizações que prosperam são aquelas que conseguem entregar valor de forma consistente. Profissionais que dominam esse conceito são os mais procurados, pois trazem não apenas habilidades, mas resultados reais e impactantes.

Trabalho vs. entrega de valor

Muitas vezes caímos na armadilha de focar em **fazer o trabalho**, acreditando que a mera execução de tarefas é o suficiente. No entanto, entregar valor vai além da conclusão de tarefas e metas predefinidas. Profissionais que fazem a diferença são aqueles que conseguem enxergar o quadro geral, que vão além do "checklist" e conseguem conectar suas atividades ao impacto real que elas causam na organização.

Aqui estão alguns sinais de que você está **entregando trabalho** em vez de **entregar valor**:

- **Foco em concluir tarefas** sem considerar se elas estão gerando o resultado esperado para o cliente ou a empresa.
- **Falta de adaptação: seguir um plano rígido**, sem fazer ajustes quando necessário, mesmo quando percebe que o caminho pode não ser o mais eficiente.
- **Falta de conexão com um objetivo maior:** executar atividades sem saber como elas se conectam à estratégia geral da empresa.

Agora, compare isso com o que significa **entregar valor**:

- **Resultados que importam:** não se trata apenas de fazer o que foi solicitado, mas de **garantir que o resultado final tenha um impacto positivo** para o cliente ou a organização.
- **Adaptabilidade:** você **ajusta sua abordagem com base nas mudanças do mercado** ou no *feedback* que recebe, garantindo que seu trabalho sempre esteja alinhado com as necessidades.
- **Visão estratégica:** enxerga como suas atividades diárias contribuem para o sucesso da organização a longo prazo.

O VMO como facilitador da entrega de valor

É aqui que entra o **VMO**. O ***Value Management Office*** é um *framework* criado para **estruturar** e **facilitar** a entrega de valor nas organizações. Ele vai além da simples gestão de projetos; o foco é garantir que cada iniciativa da empresa esteja alinhada com os objetivos estratégicos, maximizando o valor entregue.

O **VMO** permite que empresas e profissionais não só identifiquem onde e como podem entregar valor, mas também acompanhem e ajustem suas iniciativas para que o impacto positivo seja constante. Ao aplicar os princípios do **VMO Expert**, você terá um roteiro claro para garantir que seu trabalho gere resultados estratégicos, sempre com o foco na **entrega contínua de valor**.

Este livro é baseado nesses princípios e vai ensinar os **8 passos** para você se tornar um profissional capaz de não só executar tarefas, mas de **entregar valor real e contínuo** em qualquer área em que atue.

2. PMO vs. VMO – A evolução da entrega de valor

Outputs vs. *outcomes*

Desde o surgimento dos **Escritórios de Gerenciamento de Projetos (PMOs)**, a missão sempre foi clara: garantir que os projetos fossem entregues com sucesso, dentro do prazo e do orçamento e com qualidade. No entanto, o foco tradicional dos PMOs esteve voltado principalmente para a **entrega técnica** dos projetos, ou seja, os ***outputs*** — aquilo que foi entregue em termos de escopo. Os ***outputs*** são as entregas tangíveis dos projetos: um novo sistema implantado, um edifício construído, uma campanha de marketing lançada. No entanto, essas entregas, por si só, nem sempre garantem que o **valor real** foi gerado para a organização.

O que realmente importa para as empresas e seus *stakeholders* não são apenas os ***outputs***, mas os ***outcomes*** — os resultados e impactos que essas entregas geram. Um projeto pode ser entregue no prazo e dentro do orçamento (*output*), mas se ele não gerar impacto positivo nos objetivos estratégicos da empresa, ele não terá alcançado o verdadeiro ***outcome***.

Outputs referem-se ao que foi entregue. São as realizações concretas de um projeto, como a finalização de um produto ou serviço, o cumprimento de um cronograma ou a implementação de uma solução técnica. Já os ***outcomes*** vão além disso. Eles medem o impacto que aquela entrega gerou. São os resultados mais amplos e os efeitos de longo prazo da entrega de um projeto — por exemplo, o aumento da satisfação do cliente, a melhoria da eficiência interna ou o crescimento da receita.

Em um mundo cada vez mais focado em gerar valor real e sustentável, as organizações estão percebendo que é preciso mais do que apenas ***outputs***. Elas precisam garantir que os projetos entreguem ***outcomes*** significativos e duradouros, alinhados com os objetivos estratégicos da empresa.

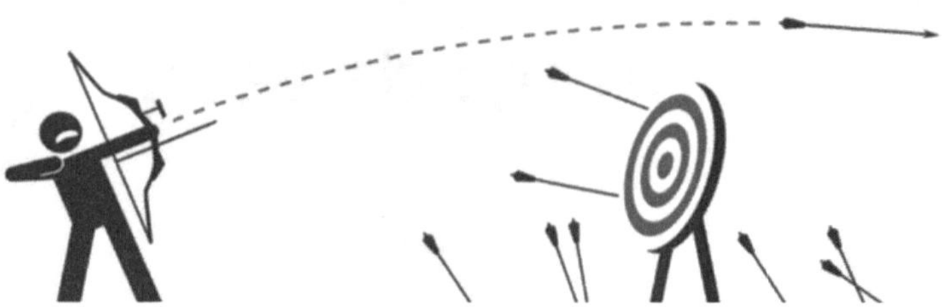

Nesta imagem, as setas significam cada entrega de projetos e processos que foram e estão sendo realizados. Veja que nem todas atingem o alvo, que é a expectativa de valor. Neste caso, cada seta é um *output* (entrega) e poucas delas geraram *outcomes* (resultados de valor).

O papel do PMO: governança e eficiência na execução de projetos

Historicamente, o **PMO** (*Project Management Office*) desempenhou um papel vital nas organizações ao garantir a **eficiência** na entrega dos projetos. O PMO sempre quis entregar valor, mas fazia isso **através das entregas de projetos** (*outputs*), focando no cumprimento de prazo, escopo e orçamento. No entanto, muitos **PMOs** não se concentraram o suficiente em garantir que essas entregas estivessem conectadas à **estratégia da empresa** ou que gerassem **satisfação para os *stakeholders***.

As principais funções do PMO incluem:

- **Padronização de processos.** O **PMO** cria padrões e metodologias consistentes para a gestão de projetos. Isso inclui o uso de *frameworks* como o ***PMBOK® Guide*** ou **PRINCE2®** para garantir que os projetos sigam uma abordagem estruturada e previsível.
- **Governança e controle.** O PMO monitora prazos, orçamento e escopo. Ele é responsável por garantir que os projetos estejam seguindo os planos e mitigando riscos quando necessário.

- **Relatórios e indicadores de performance.** O **PMO** mede o sucesso dos projetos por meio de indicadores de performance (KPIs), como a **entrega no prazo**, **dentro do orçamento** e **completo em escopo**. O foco principal está na **eficiência operacional**, o que nem sempre resulta em um impacto estratégico mensurável.

Embora essas funções sejam essenciais para garantir que os projetos sejam entregues conforme o planejado, o **PMO**, tradicionalmente, tem se concentrado mais em ***outputs*** — ou seja, a entrega física do projeto — do que em garantir que esses projetos tenham um impacto direto nos ***outcomes*** que geram valor para a organização.

O foco do VMO: resultados e impacto estratégico

É aqui que entra o ***Value Management Office***. O **VMO** representa uma evolução na forma como as organizações gerenciam suas iniciativas, focando claramente nos ***outcomes*** em vez dos ***outputs***. Ele garante que os projetos e programas não sejam apenas entregues conforme o planejado, mas que **gerem valor real**, alinhando os resultados com os objetivos estratégicos e as necessidades dos *stakeholders*.

A principal diferença entre o **PMO** e o **VMO** está no foco:

- **PMO:** concentrado em ***outputs*** — entregas tangíveis do projeto.
- **VMO:** concentrado em ***outcomes*** — os resultados que geram valor real.

O **VMO** não está apenas preocupado com **o que foi entregue**, mas sim com **o que foi alcançado**. Ele pergunta: "este projeto gerou valor real? Atendeu às necessidades dos *stakeholders*? Contribuiu para os objetivos estratégicos da empresa?".

Aqui estão algumas das principais características do **VMO**:

1. O **VMO** vai além da entrega técnica. Ele garante que cada iniciativa contribua para os resultados desejados pela organização, monitorando o impacto gerado.
2. O VMO assegura que todos os projetos estejam alinhados com os objetivos estratégicos da empresa. Ele não foca apenas na execução do projeto, mas sim em garantir que o projeto traga um impacto positivo longo prazo.

3. O **VMO** mede o sucesso com base na **satisfação das partes interessadas**. Ele busca garantir que os projetos atendam às expectativas de clientes, colaboradores e demais *stakeholders*, promovendo um ciclo contínuo de entrega de valor.
4. Enquanto o **PMO** usa indicadores tradicionais de sucesso (como tempo e custo), o **VMO** mede o valor entregue por meio de **ROI (Retorno sobre o Investimento)**, **NPS (*Net Promoter Score*)**, **satisfação do cliente** e outros indicadores de impacto.

O PMO e o VMO podem coexistir?

Embora o **VMO** seja uma evolução natural, isso não significa que o **PMO** esteja obsoleto. Pelo contrário, muitas organizações optam por combinar os dois modelos para obter o melhor dos dois mundos. O **PMO** continua sendo essencial para garantir a **execução eficiente** dos projetos, enquanto o **VMO** garante que esses projetos estejam **alinhados com os objetivos estratégicos** e **gerem valor real**.

Exemplo 1: VMO na Estratégia

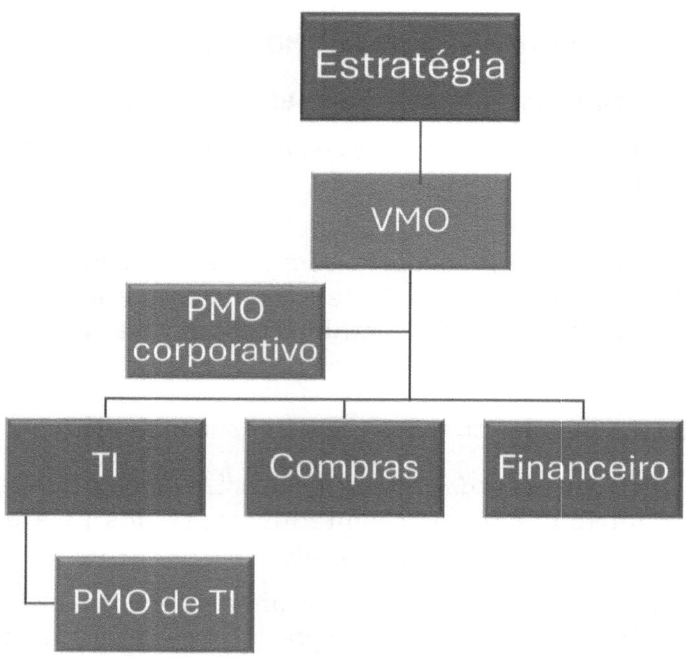

Exemplo 2: VMO na Operação

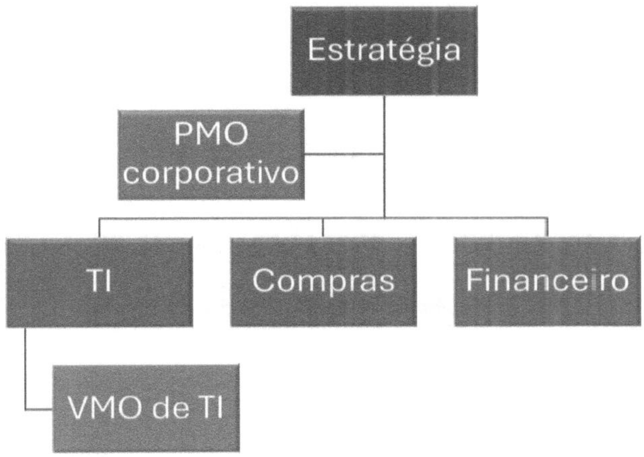

Exemplo 3: VMO na *holding*

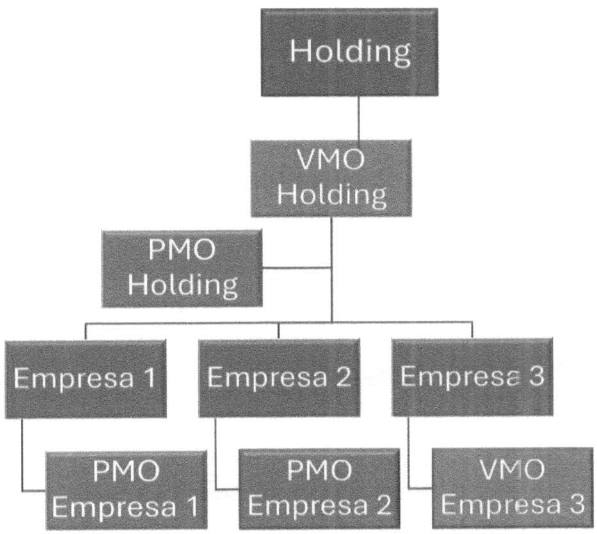

O surgimento do **VMO** reflete a necessidade das empresas modernas de serem mais ágeis e orientadas por valor. Ao mudar o foco de ***outputs*** para ***outcomes***, o **VMO** se posiciona como a ferramenta que realmente **entrega valor** para a organização. Ao longo deste livro, vamos explorar como você pode adotar os princípios do **VMO** e se transformar em um profissional que não apenas executa, mas entrega.

3. A abrangência do VMO – Foco em valor para toda a organização

Quando pensamos no ***Value Management Office*** **(VMO)**, é fácil associá-lo à gestão de projetos, já que historicamente os **PMOs** sempre estiveram ligados a essa função. No entanto, o **VMO** não é simplesmente uma evolução do PMO em termos de escopo de projetos; ele vai muito além disso. O VMO é uma abordagem **holística**, que abrange todas as áreas da organização, incluindo **processos**, **governança**, **estratégia** e até mesmo **cultura organizacional**.

Ao contrário do PMO, cujo foco principal é garantir a execução bem-sucedida dos projetos, o **VMO** visa alinhar **todas as funções e operações da empresa** para maximizar o valor entregue. Isso significa que o **VMO** atua como um agente de transformação, impactando não apenas como os projetos são executados, mas também **como a empresa funciona em seu núcleo**.

Muito além de projetos

Mesmo com projetos concluídos com sucesso, muitas organizações se viram enfrentando problemas de **ineficiência**, **desalinhamento estratégico** e **baixa satisfação dos *stakeholders***.

Foi nesse contexto que o **VMO** ganhou relevância. Ele expande seu foco para **processos empresariais**, **modelos de governança**, **estratégia organizacional** e **gestão da cultura**, sempre com o objetivo de **maximizar o valor entregue** para a empresa como um todo.

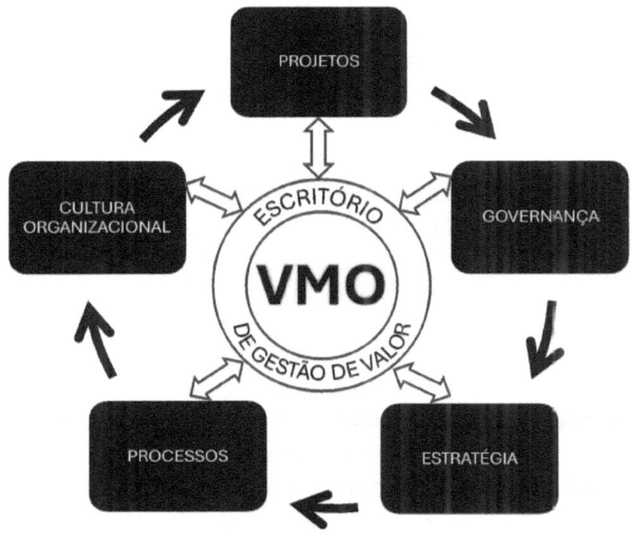

Isso significa que o VMO:

1. **Governa processos, não apenas projetos.** Isso inclui o mapeamento de processos, a melhoria contínua e a automação, sempre com foco em aumentar a eficiência e gerar mais valor para a organização.
2. **Apoia a estratégia organizacional.** O **VMO** garante que cada departamento e iniciativa estejam conectados aos objetivos de longo prazo da empresa. Isso permite que os esforços coletivos tragam resultados mais significativos e duradouros.
3. **Promove a governança corporativa.** O **VMO** também ajuda a alinhar decisões e práticas empresariais com os princípios de **transparência**, **responsabilidade** e **conformidade**. Ele garante que o valor seja maximizado enquanto a empresa opera de maneira ética e sustentável.
4. **Influencia a cultura organizacional.** Além de processos e governança, o **VMO** promove uma cultura voltada para a **inovação** e a **entrega contínua de valor**. Ele encoraja os colaboradores a pensar além de suas funções individuais e a enxergar o quadro geral, sempre com o objetivo de gerar valor.

Integração de processos, governança e estratégia

Um dos aspectos mais poderosos do **VMO** é sua capacidade de integrar áreas que, em muitos casos, operam de forma isolada nas organizações. A fragmentação de departamentos, processos e estratégias é um problema comum nas empresas. A falta de comunicação e alinhamento entre equipes pode resultar em iniciativas redundantes ou desalinhadas, que consomem recursos sem gerar o valor desejado.

O **VMO** vem para resolver esse problema, criando **uma ponte** entre os diversos departamentos e processos da organização. Ele garante que tudo — desde os processos operacionais até as decisões estratégicas — esteja **alinhado e integrado**, funcionando de forma harmoniosa para gerar valor contínuo. Essa integração ocorre em 3 áreas principais:

1. **Processos.** O **VMO** garante que os processos de negócios estejam **otimizados** e **padronizados** para aumentar a eficiência. Ele promove a melhoria contínua e incentiva a adoção de **tecnologias** que automatizam tarefas manuais e reduzem custos, permitindo que os recursos sejam direcionados para atividades de maior valor.
2. **Governança.** O **VMO** atua como uma estrutura centralizada, garantindo que as políticas e práticas sejam coerentes em toda a organização. Isso inclui a gestão de riscos, o cumprimento de regulamentações e a promoção de uma cultura de conformidade. A governança do VMO também busca equilibrar o **curto prazo** (entregas imediatas) com o **longo prazo** (impacto estratégico).
3. **Estratégia**. O VMO alinha todos os processos e iniciativas. Ele garante que cada decisão tomada na organização tenha um impacto positivo na estratégia de longo prazo. A função do VMO aqui é garantir que o "porquê" por trás de cada ação esteja vinculado à visão geral da empresa.

Ao promover o alinhamento entre **processos**, **governança** e **estratégia**, o VMO não só garante que a empresa entregue valor hoje, como a prepara para os desafios futuros. Isso é particularmente relevante em um ambiente de negócios que muda rapidamente, onde a agilidade e a capacidade de se adaptar às novas demandas do mercado são essenciais para o sucesso a longo prazo.

Além disso, o **VMO** ajuda as empresas a **pensar além do projeto individual** e a considerar o impacto global de suas ações. Ele faz com que as iniciativas deixem de ser silos independentes e passem a fazer parte de uma visão estratégica maior, onde cada projeto, processo e decisão contribui para um objetivo comum: **a entrega contínua de valor**.

Exemplos de como o VMO transforma organizações

Para ilustrar melhor a abrangência do **VMO**, vejamos alguns exemplos fictícios (adaptados de minha experiência) de como ele pode transformar diferentes áreas da organização:

1. **Otimização de processos em uma multinacional de logística.** Uma multinacional de logística que implementou o VMO conseguiu **reduzir em 20% os custos operacionais** ao identificar gargalos em seus processos de entrega. O VMO garantiu que todas as iniciativas fossem monitoradas e ajustadas continuamente, resultando em maior eficiência e melhor serviço ao cliente.
2. **Governança em uma empresa de tecnologia.** Uma empresa de tecnologia que enfrentava problemas de conformidade e risco implementou o VMO para melhorar sua **governança corporativa**. O resultado foi uma melhoria de **15% no *compliance*** e uma redução significativa nos riscos operacionais.
3. **Alinhamento estratégico em uma instituição financeira.** Uma instituição financeira usou o VMO para alinhar seus processos de crédito à sua estratégia de crescimento. O VMO permitiu que a empresa integrasse suas políticas de concessão de crédito com suas metas de expansão, resultando em um aumento de **30% na satisfação do cliente**.

Conclusão

A abrangência do **VMO** vai muito além da gestão de projetos. Ele é uma estrutura poderosa para transformar **todos os aspectos da organização**, desde processos operacionais até a estratégia de longo prazo. O VMO alinha **pessoas**, **processos** e **tecnologia** para garantir que o valor seja entregue de forma contínua e sustentável. Ao implementar um VMO, as organizações ganham a capacidade de operar de maneira mais **eficiente**, **alinhada** e **estratégica**, garantindo resultados duradouros e impacto positivo.

Neste livro, vamos continuar explorando como você pode aplicar os princípios do **VMO** para transformar a forma como sua organização **entrega valor**, indo além da simples execução de projetos e influenciando todas as operações e processos.

4. O método VMO Expert – 8 passos para a entrega contínua de valor

Quando pensamos na evolução das organizações e na necessidade crescente de gerar **valor real** em um mundo competitivo e em constante mudança, é evidente que um novo tipo de estrutura é necessário. O ***Value Management Office* (VMO)** é a resposta a essa necessidade. Ele vai além da simples execução de projetos, focando em **resultados mensuráveis**, **alinhamento estratégico** e na **entrega contínua de valor**.

O **VMO Expert** é um método desenvolvido para garantir que você, como profissional, seja capaz de implementar e liderar um VMO de sucesso, aplicando conceitos e práticas que geram valor não apenas para a empresa, mas também para seus clientes, colaboradores e *stakeholders*. Este método consiste em **8 passos fundamentais**, cada um desenhado para abordar uma parte crítica da estrutura necessária para a **entrega de valor contínua**.

Os 8 passos do método VMO Expert

Cada um dos **8 passos** foi projetado para garantir que o valor seja **entregue de maneira contínua e estratégica**. Esses passos não devem ser vistos como etapas independentes, mas como elementos interconectados que, juntos, formam uma abordagem completa para a transformação organizacional.

Aqui está uma visão geral dos **8 passos**:

1. **Alinhamento estratégico.** O primeiro passo é garantir que todos os projetos, processos e iniciativas da organização estejam

alinhados com a estratégia de longo prazo. Sem esse alinhamento, é impossível entregar valor de maneira consistente. Este passo conecta as ações diárias aos objetivos maiores da empresa, garantindo que cada esforço contribua diretamente para o sucesso estratégico.

2. **Governança de valor.** Para garantir que o valor seja gerado de forma consistente e sustentável, é necessário ter uma **estrutura de governança sólida**. Este passo define processos, métricas e controles necessários para garantir que o valor esteja sempre no centro das decisões e iniciativas da empresa. Isso vai além da governança tradicional, focando em ***outcomes*** e não apenas em ***outputs***.
3. **Cultura da inovação.** Uma **cultura de inovação** é essencial para garantir que a organização continue evoluindo e se adaptando às mudanças no mercado. No VMO Expert, este passo garante que os colaboradores estejam engajados, colaborando e inovando constantemente, sempre com o objetivo de gerar valor. Criar uma cultura de inovação significa promover um ambiente onde novas ideias podem surgir e ser aplicadas de forma prática.
4. **Times de valor.** Nenhuma transformação é possível sem pessoas capacitadas e alinhadas com os objetivos estratégicos. O quarto passo é garantir que as equipes da organização sejam **multifuncionais**, com **mentalidade ágil** e **orientadas para a entrega de valor**. Isso envolve o desenvolvimento de habilidades e competências, além de um ambiente de colaboração e aprendizado contínuo.
5. **Implementar um VMO.** O quinto passo trata da **implementação prática** do ***Value Management Office* (VMO)** na organização, que é facultativo e depende do tamanho e do foco da empresa. Isso inclui a criação de uma **estrutura organizacional flexível**, adaptável e integrada, que permita a gestão eficiente dos fluxos de valor. No capítulo específico deste passo, aprofundaremos a relevância da implementação do VMO para empresas que buscam maximizar a entrega de valor.
6. **Tecnologia sustentável.** A tecnologia é uma parte essencial de qualquer transformação organizacional. O sexto passo foca na adoção de **tecnologias sustentáveis** que suportem a entrega de valor e ajudem a automatizar processos, aumentar a eficiência e garantir que a empresa esteja sempre preparada para o futuro. Isso inclui a implementação de **sistemas de gestão de valor** que

permitem o acompanhamento contínuo dos fluxos de valor da organização.

7. **Comece pequeno e cresça.** Implementar mudanças em toda a organização de uma só vez pode ser arriscado. O sétimo passo é adotar uma abordagem incremental: **pilotar o VMO** em um fluxo de valor específico, validando sua eficácia antes de expandir para outras áreas da empresa. Esse passo garante que o processo seja **gradual** e **sustentável**, permitindo ajustes e melhorias contínuas.
8. **Entrega contínua de valor.** O passo final é garantir que a **entrega de valor** seja contínua, conectando-se diretamente ao **alinhamento estratégico**, formando assim um **ciclo contínuo de entrega de valor**. Isso envolve a criação de métricas e **KPIs estratégicos** que permitem medir o impacto de cada projeto, processo e iniciativa ao longo do tempo, sempre alinhando as ações com a estratégia e resultados.

Como esses 8 passos se integram

Embora cada passo seja importante por si só, o verdadeiro poder do **VMO Expert** vem da integração entre eles. O método foi desenhado para ser **holístico**, ou seja, cada passo reforça o outro, criando um ciclo contínuo de **melhoria** e **otimização**.

Por exemplo:

- O alinhamento estratégico garante que os times de valor estejam trabalhando nos projetos certos, enquanto a governança de valor assegura que esses projetos sejam gerenciados de forma eficaz.
- A **cultura da inovação** promove o surgimento de novas ideias, enquanto a **tecnologia sustentável** facilita a implementação dessas inovações.
- O foco em **começar pequeno e crescer** permite que as organizações experimentem e ajustem suas iniciativas antes de expandi-las em larga escala.

O que você ganhará ao aplicar o método VMO Expert?

Ao adotar o método **VMO Expert**, você estará preparado para:

1. **Alinhar todas as iniciativas da organização aos objetivos estratégicos**, garantindo que os recursos sejam utilizados de maneira eficaz e que o valor seja gerado de forma contínua.
2. **Desenvolver uma cultura de inovação**, promovendo um ambiente onde os colaboradores são incentivados a contribuir com novas ideias e soluções.
3. **Capacitar e desenvolver equipes multifuncionais**, garantindo que todos estejam focados em entregar valor em cada projeto e processo.
4. **Implementar um VMO eficaz**, que não só gerencia projetos, como governa toda a organização em termos de entrega de valor.
5. **Adotar tecnologias sustentáveis**, garantindo que a infraestrutura da organização esteja preparada para suportar a transformação contínua.
6. **Medir e ajustar constantemente o impacto das iniciativas**, garantindo que a entrega de valor seja contínua e alinhada às necessidades do mercado.

Nos capítulos seguintes, vamos nos aprofundar em cada um dos **8 passos**, detalhando como você pode aplicar esses conceitos em sua organização para criar um VMO de sucesso.

PARTE II. OS 8 PASSOS PARA SER UM EXPERT NA ENTREGA DE VALOR

5. Passo 1 – Alinhamento estratégico

Construindo a base para a entrega de valor

O alinhamento estratégico é a prática de garantir que **todos os aspectos de uma organização estejam sincronizados com sua estratégia global**. Isso significa conectar **projetos, processos, operações, metas, recursos e pessoas** aos objetivos estratégicos de longo prazo da empresa. Sem esse alinhamento, a execução perde foco, os recursos são desperdiçados e os resultados ficam aquém do esperado.

Esse passo é o alicerce do método VMO Expert, servindo como base para todos os outros. Ele não apenas organiza os esforços da organização, mas assegura que cada ação esteja direcionada à entrega de valor de forma consistente e sustentável.

O que é alinhamento estratégico?

O alinhamento estratégico é mais do que uma conexão teórica entre estratégia e execução; ele é a tradução prática da visão organizacional em ações mensuráveis. Alfred Chandler, pioneiro na área de estratégia corporativa, define estratégia como:

> "A determinação dos objetivos básicos de longo prazo de uma empresa, e a adoção de cursos de ação e a alocação de recursos necessários para a realização desses objetivos" (CHANDLER, 1962).

Sem alinhamento estratégico, até mesmo os melhores planos fracassam. Empresas que priorizam essa prática obtêm maior eficiência, consistência e engajamento de suas equipes, além de melhores resultados nos mercados em que atuam.

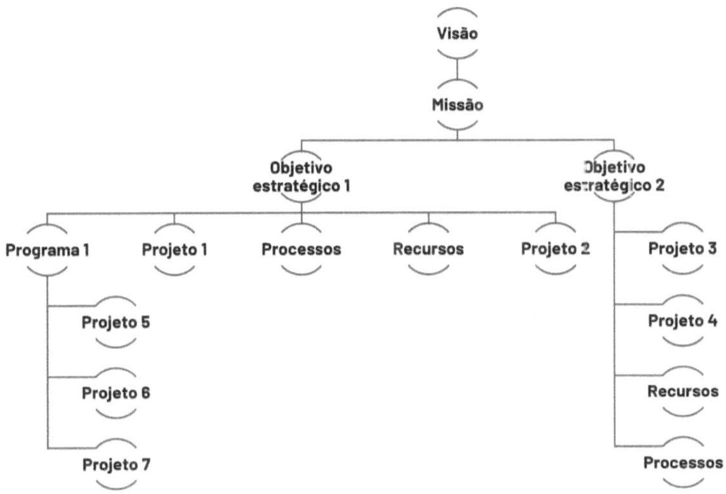

Os 8 elementos do alinhamento estratégico

1. Missão

A missão é a razão de ser da organização. Ela responde à pergunta **"Por que existimos?"** e guia todas as ações. Deve ser clara, concisa e inspiradora.

☛ **Na prática:** uma organização com a missão de "democratizar o acesso à educação" deve alinhar todas as suas iniciativas, desde o desenvolvimento de plataformas digitais até parcerias com ONGs, a esse propósito.

2. Visão

A visão define aonde a empresa quer chegar e o que deseja ser no futuro. Ela responde à pergunta **"Para onde estamos indo?"** e orienta a organização para seus objetivos de longo prazo. A visão deve capturar o sonho coletivo e inspirar todos os *stakeholders* a trabalhar em direção a um futuro comum.

Na prática: uma empresa com a visão de "ser líder global em sustentabilidade" deve priorizar projetos que promovam práticas voltadas para meio ambiente, governança e área social.

3. Estratégia

A estratégia é o caminho que conecta onde a empresa está atualmente à visão que deseja alcançar. Ela responde à pergunta **"Como vamos chegar lá?"** e envolve a definição de objetivos de longo prazo, além da alocação de recursos necessários para atingi-los. Em outras palavras, a estratégia é o mapa que guia a organização ao destino desejado, assegurando que cada decisão e ação contribua para esse objetivo final.

Ferramenta: o ***Balanced Scorecard*** **(BSC)** traduz a estratégia em objetivos claros e mensuráveis.

4. Valores

Os valores são o **conjunto de princípios e comportamentos aceitos pela organização** para alcançar sua visão. Eles respondem à pergunta **"Quais comportamentos aceitamos e incentivamos em nossa jornada para alcançar a visão?"**. Os valores orientam decisões e moldam a cultura interna, servindo como base para todas as interações, sejam internas ou externas.

Na prática: uma organização que valoriza "ética e integridade" deve reforçar esses princípios em todas as suas práticas, desde a comunicação com clientes até as decisões internas.

5. Cultura

Enquanto os valores representam os **comportamentos desejados e aceitos pela empresa** para alcançar a visão, a **cultura organizacional é o comportamento coletivo real** que predomina na organização. Ela reflete as práticas, atitudes e normas que são de fato aplicadas diariamente, mesmo que não estejam formalizadas.

Diferença entre cultura e valores:

- **Valores:** são as diretrizes e expectativas estabelecidas pela organização para orientar o comportamento.

- **Cultura:** é o comportamento que emerge das interações reais das pessoas dentro da organização.

Quanto maior a diferença entre a cultura e os valores, maior será a dificuldade da empresa em implementar sua estratégia.

☛ **Na prática:** uma empresa pode valorizar a "inovação", mas, se sua cultura reflete aversão ao risco e resistência a mudanças, haverá um desalinhamento significativo.

6. Estrutura organizacional

A estrutura organizacional deve ser projetada para apoiar a implementação da estratégia, com papéis e responsabilidades claros.

☛ **Na prática:** empresas ágeis frequentemente utilizam equipes multifuncionais para promover flexibilidade e colaboração.

7. Liderança

Líderes eficazes são essenciais para alinhar as equipes à estratégia. Eles traduzem a visão em ações práticas e modelam o comportamento desejado.

☛ **Na prática:** um líder que pratica *walk the talk* (praticar o que se prega) demonstra consistência entre palavras e ações.

8. Comunicação

Sem comunicação eficaz, a estratégia não alcança todos os níveis da organização. É fundamental que todos entendam **o que é esperado deles e como podem contribuir para os objetivos maiores**.

Ferramenta: OKRs (*Objectives and Key Results*) para alinhar objetivos organizacionais a resultados mensuráveis.

Benefícios do alinhamento estratégico

O alinhamento estratégico é fundamental para o sucesso de qualquer organização. Ele conecta todas as partes da empresa em direção a objetivos comuns, criando coerência e otimizando resultados. A seguir, vamos explorar os principais benefícios do alinhamento estratégico de forma detalhada:

1. Coerência e consistência

Um alinhamento estratégico adequado garante que todas as partes da organização estejam trabalhando juntas em harmonia, evitando esforços fragmentados e conflitantes. Quando equipes, departamentos e líderes entendem e seguem a mesma direção, cria-se uma sinergia poderosa que reduz duplicidades de esforço e conflitos internos.

☛ **Na prática:** imagine uma empresa onde o time de marketing está promovendo um produto *premium*, enquanto o time de vendas está focado em oferecer descontos agressivos. Essa falta de coerência entre estratégia e execução prejudica a percepção do cliente e os resultados financeiros. Com alinhamento estratégico, todos os times compreenderiam e promoveriam a mesma mensagem: qualidade *premium*, com ações consistentes em todas as frentes.

Coerência e consistência permitem que a empresa se posicione de forma clara no mercado e ofereça uma experiência uniforme aos clientes e *stakeholders*, o que fortalece a marca e os resultados.

2. Melhoria da eficiência operacional

Quando todas as atividades estão alinhadas com a estratégia organizacional, os processos tornam-se mais eficientes. Isso ocorre porque o alinhamento reduz iniciativas redundantes, elimina desperdícios de recursos e prioriza o que realmente importa para alcançar os objetivos estratégicos.

O alinhamento estratégico ajuda as equipes a identificar quais projetos, processos ou operações têm maior impacto nos resultados esperados e, consequentemente, permite concentrar esforços nas iniciativas mais relevantes. Ele também possibilita que a empresa otimize seus recursos — humanos, financeiros e tecnológicos.

☛ **Na prática:** uma organização do setor de saúde pode priorizar projetos focados na experiência do paciente em vez de iniciativas paralelas que não agregam valor direto ao cliente. Isso economiza recursos e entrega resultados que realmente importam.

Ferramenta: a matriz de priorização (impacto x esforço) pode ser utilizada para garantir que as iniciativas com maior impacto estratégico sejam priorizadas.

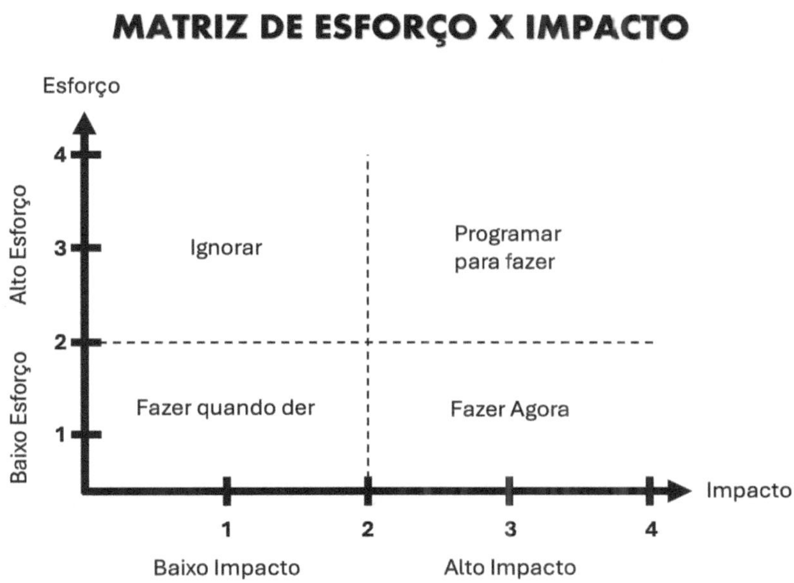

3. Engajamento dos colaboradores

Quando os colaboradores entendem como suas funções e atividades diárias estão conectadas aos objetivos estratégicos da empresa, eles se sentem mais motivados, engajados e valorizados. Essa conexão gera um senso de propósito e pertencimento que é fundamental para manter equipes alinhadas e produtivas.

Colaboradores que compreendem o impacto de seu trabalho nos objetivos da empresa têm níveis mais altos de engajamento e desempenho. Eles sentem que estão contribuindo para algo maior, o que aumenta a satisfação no trabalho.

Na prática: em uma empresa de tecnologia, um desenvolvedor que sabe que seu trabalho em um aplicativo específico está alinhado com a estratégia de "expandir a base de clientes globais" terá mais clareza sobre a importância de suas entregas. Isso cria um senso de responsabilidade e propósito.

Ferramenta: use OKRs (*Objectives and Key Results*) para alinhar metas individuais e de equipe aos objetivos estratégicos da organização.

4. Adaptabilidade organizacional

O alinhamento estratégico permite que a organização se adapte rapidamente às mudanças no mercado, mantendo sua direção estratégica. Quando todos estão cientes da estratégia e trabalham em harmonia, é mais fácil redirecionar esforços sem perder foco ou eficiência.

Em um ambiente de negócios caracterizado por mudanças constantes, empresas que conseguem alinhar rapidamente suas atividades à nova realidade do mercado têm mais chances de sobreviver e prosperar. O alinhamento estratégico permite ajustes ágeis, garantindo que a organização não perca de vista seus objetivos de longo prazo.

Na prática: uma empresa de varejo que percebe uma mudança no comportamento dos consumidores para compras *on-line* pode redirecionar seus investimentos para canais digitais sem desalinhar as operações internas ou perder o foco em sua visão de ser "referência em experiência do cliente".

Ferramenta: *dashboards* interativos que atualizam o progresso em tempo real ajudam os líderes a tomar decisões informadas e a ajustar rapidamente suas estratégias.

5. Sustentabilidade nos resultados

Quando há um alinhamento estratégico sólido, os resultados alcançados se mantêm ao longo do tempo. A empresa fica focada em objetivos claros, com recursos bem utilizados e equipes engajadas.

Sustentabilidade nos resultados significa que a organização não apenas atinge seus objetivos, como consegue mantê-los e construir sobre eles. Esse é o diferencial entre empresas que prosperam consistentemente e aquelas que apenas têm sucesso temporário.

Na prática: uma empresa de energia que alinha suas operações e seus projetos com a estratégia de transição para fontes renováveis terá resultados consistentes em termos de sustentabilidade ambiental, financeira e reputacional, gerando valor de longo prazo para seus *stakeholders*.

Sem alinhamento estratégico, as organizações enfrentam dispersão de esforços, ineficiência e falta de direção. Empresas que dominam essa prática tornam-se mais resilientes, ágeis e capazes de prosperar em mercados dinâmicos e desafiadores.

Passos para alcançar o alinhamento estratégico

- **Compreender a estratégia:** garanta que a liderança **compreenda a estratégia organizacional** e seja capaz de comunicá-la de maneira clara e inspiradora.

Ferramenta: análise SWOT.

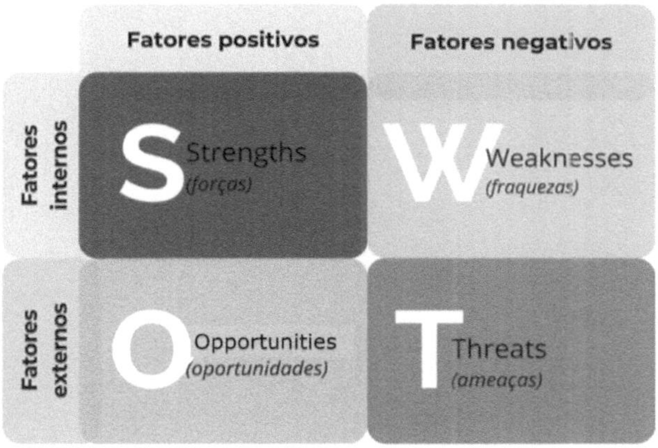

- **Envolver todos os níveis: engaje todos na organização**, garantindo que cada um compreenda seu papel no alcance da estratégia.

Prática recomendada: *workshops* de alinhamento.

- **Definir metas e indicadores:** estabeleça **metas claras e mensuráveis** que conectem as ações diárias aos objetivos estratégicos.

Ferramenta: Matriz SMART.

- **Comunicar de forma contínua:** reforce a conexão entre atividades e estratégia por meio de **reuniões regulares e atualizações visuais**.

Ferramenta: *dashboards* interativos.

- **Monitorar e ajustar:** avalie regularmente o progresso e **ajuste as iniciativas** conforme necessário.

Conclusão

O alinhamento estratégico é o ponto de partida para a entrega de valor. Ele conecta todos os aspectos da organização à visão e garante que as ações não sejam apenas consistentes, mas também relevantes. Empresas e profissionais que dominam este passo são capazes de navegar desafios com mais clareza e gerar resultados significativos.

6. Passo 2 – Governança de valor

Construindo decisões sustentáveis e estratégicas

A governança de valor é o conjunto de estruturas, processos e práticas que asseguram que as decisões estejam alinhadas aos fluxos de valor e aos objetivos estratégicos da empresa. Essa abordagem amplia o escopo da governança tradicional ao priorizar resultados que promovam impacto estratégico e sustentável.

Enquanto a governança tradicional foca no cumprimento de normas, no controle financeiro e na eficiência operacional, a **governança de valor** vai além. Ela conecta todas as decisões ao impacto gerado para os *stakeholders*, promovendo um ambiente de confiança, ética e resultados mensuráveis.

☛ **Na prática:** uma empresa que busca aumentar a retenção de clientes pode estabelecer processos claros para revisar regularmente o *feedback* dos consumidores e ajustar seus fluxos de valor de acordo com as expectativas do mercado.

Pilares da governança de valor

Os pilares a seguir garantem que as decisões sejam estratégicas e alinhadas ao propósito organizacional.

1. Transparência e prestação de contas

A transparência cria um ambiente de confiança ao compartilhar informações claras e acessíveis sobre objetivos, métricas e resultados. A prestação de contas complementa essa transparência ao responsabilizar os tomadores de decisão pelos impactos de suas escolhas.

A transparência envolve a comunicação constante dos progressos estratégicos, enquanto a prestação de contas assegura que as responsabilidades estejam bem definidas.

☛ **Na prática:** uma organização publica relatórios trimestrais detalhando o impacto de suas iniciativas estratégicas, fortalecendo a relação com colaboradores, clientes e investidores.

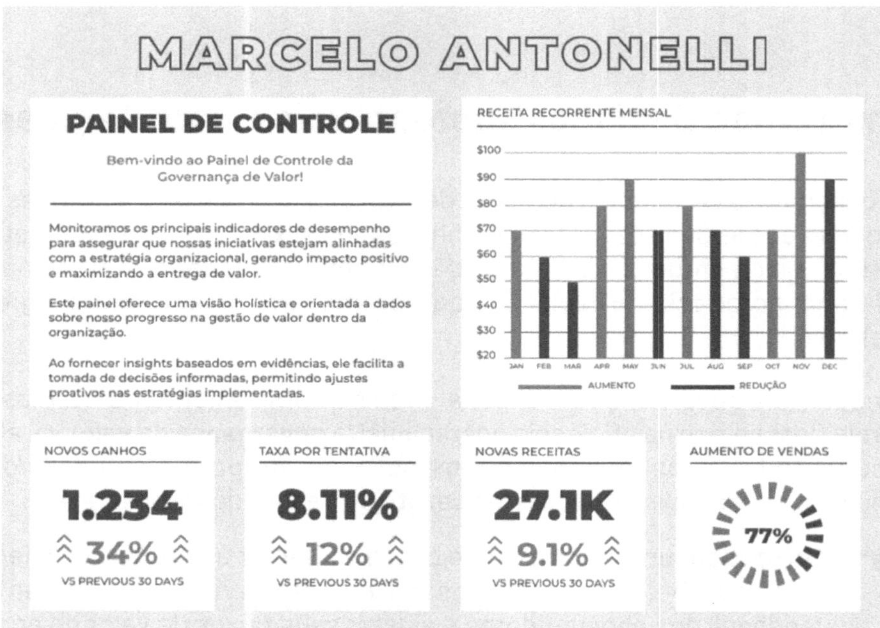

2. Estrutura sólida e ética

Uma estrutura organizacional clara e baseada em princípios éticos é essencial para a governança de valor. Isso inclui papéis bem definidos e diretrizes que guiem a tomada de decisão de forma consistente.

A estrutura organizacional define as responsabilidades e os fluxos de comunicação para decisões eficazes, e os princípios éticos orientam decisões que respeitem os valores organizacionais e as expectativas dos *stakeholders*.

☛ **Na prática:** um comitê de governança com representantes de diferentes áreas revisa as iniciativas estratégicas para garantir alinhamento e ética nas decisões.

3. Gestão de riscos e sustentabilidade

A gestão de riscos protege os fluxos de valor contra ameaças e riscos potenciais, enquanto a sustentabilidade garante que as decisões sejam viáveis a longo prazo e não comprometam os resultados futuros.

Na prática: uma empresa identifica riscos em sua cadeia de suprimentos e implementa planos de contingência para evitar interrupções.

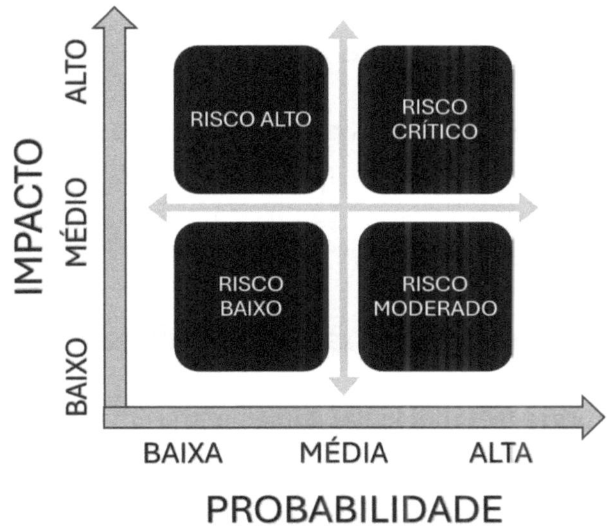

Como implementar a governança de valor

A implementação da governança de valor segue etapas claras:

1. Estabelecer políticas e diretrizes

Criar documentos que formalizem os princípios e processos de governança.

Na prática: uma política de governança exige que qualquer projeto estratégico com orçamento acima de determinado valor passe por uma avaliação de impacto.

2. Mapear e monitorar fluxos de valor

Fluxo de valor é o caminho completo, desde a identificação de uma necessidade até a entrega de resultados.

Estabeleça métricas claras e revise periodicamente o desempenho dos fluxos.

☛ **Na prática:** uma empresa monitora o tempo de entrega de serviços e o *feedback* do cliente para ajustar continuamente os processos.

3. Comunicação contínua

Realizar reuniões regulares e compartilhar relatórios visuais de desempenho.

☛ **Na prática:** reuniões trimestrais com líderes de diferentes departamentos para apresentar um painel de controle com os resultados das iniciativas.

Exemplos fictícios com base na minha experiência

1. **Empresa de tecnologia:** implementou uma política de governança para avaliar projetos de inovação com base em alinhamento estratégico, impacto esperado e sustentabilidade. Resultado: aumento de 40% na taxa de sucesso dos projetos.
2. **Organização de saúde:** adotou uma matriz de riscos para proteger fluxos relacionados à experiência do paciente, reduzindo atrasos em projetos e aumentando a satisfação em 15 pontos.
3. **Empresa de logística:** mapeou fluxos de valor para monitorar eficiência operacional, reduzindo custos em 30% e aumentando a pontualidade em 20%.

Conclusão

A **governança de valor** é a **ponte entre estratégia e execução**. Ela conecta decisões aos objetivos organizacionais, promove confiança e garante resultados sustentáveis. Sem ela, os fluxos de valor correm risco de fragmentação, desperdício e desalinhamento.

> ***Conexão com o passo 1:*** *o sucesso da governança de valor depende de um alinhamento estratégico claro. Se o primeiro passo não estiver bem definido, a governança perde eficácia e compromete os resultados.*

7. Passo 3 – Cultura da inovação

A inovação como pilar da entrega de valor

A inovação não é um evento isolado — é um comportamento coletivo. Para que a inovação prospere, é essencial que ela esteja enraizada na cultura organizacional. Isso significa que valores, práticas e comportamentos que orientam a empresa precisam incentivar e sustentar o pensamento criativo e a experimentação.

Cultura organizacional e inovação não são opostos. Elas são complementares. A cultura da inovação é um subconjunto ou extensão da cultura organizacional, moldada por valores que encorajam a experimentação, a curiosidade e a colaboração.

Conexões com os passos anteriores: *nos passos anteriores, exploramos como o alinhamento estratégico e a governança de valor garantem que os esforços organizacionais estejam alinhados aos objetivos estratégicos e gerem impacto real. A cultura da inovação complementa esses pilares ao criar um ambiente propício para que ideias criativas floresçam e sejam transformadas em valor tangível. Sem uma cultura que incentive a experimentação e a colaboração, as melhores estratégias e governanças correm o risco de se tornarem estagnadas.*

O que é cultura organizacional e como ela impacta a inovação?

A cultura organizacional é o conjunto de valores, práticas, comportamentos e crenças compartilhados que molda a forma como uma empresa opera. Ela é um reflexo dos líderes da organização e evolui a partir das interações diárias dos colaboradores.

Os 8 tipos de cultura organizacional e sua relação com a inovação

Cada cultura organizacional reflete os valores centrais e as prioridades da empresa, influenciando diretamente na tomada de decisão, no comportamento dos colaboradores e na promoção (ou restrição) da inovação. Segundo o artigo "The Leader's Guide to Corporate Culture" (GROYSBERG *et al.*, 2018), publicado na *Harvard Business Review*, as culturas organizacionais podem ser classificadas em 8 tipos e distribuídas em dois eixos: flexibilidade *versus* estabilidade e independência *versus* interdependência.

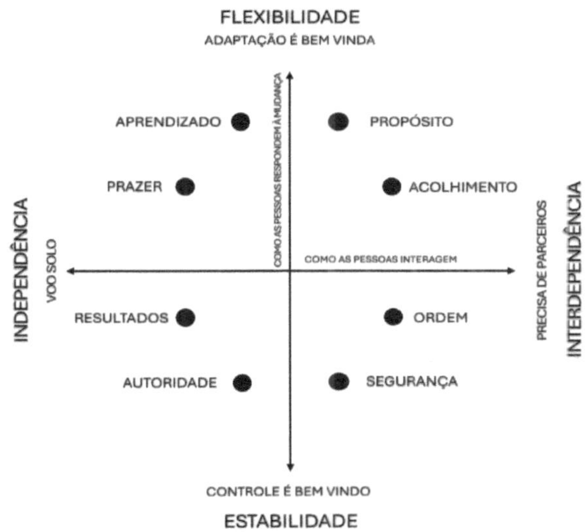

1. Cultura de aprendizado (flexibilidade e independência)

Organizações com essa cultura priorizam a curiosidade e a busca por novos conhecimentos. A experimentação é incentivada, e os colaboradores são motivados a melhorar continuamente.

☛ **Na prática:** a Tesla combina inovação tecnológica com exploração contínua de novas possibilidades. Sob a liderança de Elon Musk, a empresa busca soluções que desafiam os limites do que é considerado possível.

"Estou interessado em coisas que mudam ou afetam o futuro e em novas e maravilhosas tecnologias diante das quais você reage com um 'uau, como foi possível?'" - Elon Musk, cofundador e CEO da Tesla.

2. Cultura de propósito (flexibilidade e interdependência)

Essa cultura é fundamentada em valores compartilhados e no desejo de impactar positivamente a sociedade.

☛ **Na prática:** a Whole Foods alinha suas operações com a sustentabilidade, o bem-estar dos clientes e o impacto ambiental positivo. Sob a liderança de John Mackey, a empresa transformou o mercado de alimentos, promovendo práticas conscientes e conectando consumidores a um propósito maior.

"A maioria das empresas do mundo tem grandes propósitos. Ter um propósito mais profundo, mais transcendente, é altamente energizante para todos os *stakeholders*." - John Mackey, fundador e CEO da Whole Foods.

3. Cultura de acolhimento (flexibilidade e interdependência)

Essa cultura valoriza o bem-estar e a colaboração, criando um ambiente onde as pessoas se sentem incluídas e respeitadas.

☛ **Na prática:** a Disney é um exemplo clássico de cultura de acolhimento, refletindo em suas práticas a importância de cuidar não apenas dos clientes, mas também dos colaboradores. Sob a liderança de Bob Iger, a empresa fortaleceu uma cultura que promove respeito mútuo e sinceridade nas relações internas.

"É extremamente importante estar acessível e tratar as pessoas de igual para igual, olhando-as nos olhos e falando-lhes com sinceridade." - Bob Iger, CEO da Disney.

4. Cultura de ordem (estabilidade e interdependência)

Organizações com essa cultura valorizam regras bem definidas, procedimentos formais e previsibilidade como pilares para a condução de suas operações.

Na prática: sob a liderança de Jay Clayton, a SEC (*Securities and Exchange Commission*) destaca a importância de criar e seguir regras para garantir a integridade e o funcionamento ordenado dos mercados financeiros.

"Formular regras é uma atribuição importante da comissão de valores mobiliários (SEC em inglês), e enquanto estamos estabelecendo as regras para os mercados mobiliários, há muitas regras que nós precisamos seguir." - Jay Clayton, presidente da SEC.

5. Cultura de segurança (estabilidade e interdependência)

Essa cultura prioriza a proteção dos colaboradores, dos clientes e da organização como um todo.

Na prática: a Lloyd's of London ajuda empresas a compreenderem e mitigarem riscos potenciais. Sob a liderança de Inga Beale, a organização enfatizou a importância de adotar uma abordagem proativa para identificar e lidar com ameaças.

"As empresas deveriam dedicar tempo para entender possíveis ameaças a que estão expostos, consultando analistas se necessário." - Inga Beale, CEO da Lloyd's of London.

6. Cultura de autoridade (estabilidade e independência)

Caracteriza-se por uma liderança forte e centralizada, onde o poder de decisão está concentrado em poucos líderes.

Na prática: a Huawei foca em disciplina organizacional. Sob a liderança de Ren Zhengfei, a empresa promoveu o que ele chama de "espírito de lobo", enfatizando resiliência, determinação e uma atenção implacável aos objetivos.

"Temos o 'espírito de lobo' em nossa empresa. Na luta com leões, os lobos têm habilidades assustadoras, com forte desejo de vencer e sem medo de perder." - Ren Zhengfei, CEO da Huawei.

7. Cultura de resultados (estabilidade e independência)

Essa cultura é orientada pelo desempenho e pelo alcance de metas específicas.

☛ **Na prática:** a GlaxoSmithKline (GSK) alinha suas operações a uma estratégia clara e focada na entrega de avanços significativos na saúde. Durante a liderança de Sir Andrew Witty, a empresa modernizou suas práticas e manteve o foco em metas bem definidas.

> "Para nos modernizar, tentei manter nosso foco em uma estratégia muito clara." - Sir Andrew Witty, ex-CEO da GSK.

8. Cultura de prazer (flexibilidade e independência)

Ambientes voltados para a criatividade, o bem-estar e o trabalho prazeroso promovem um clima descontraído e inovador.

☛ **Na prática:** a Zappos é amplamente reconhecida por sua cultura organizacional única. Sob a liderança de Tony Hsieh, a empresa enfatizou a importância de criar um ambiente divertido e acolhedor.

> "Divirta-se. O jogo é mais agradável quando você tenta mais do que ganhar dinheiro." - Tony Hsieh, CEO da Zappos.

Cultura x estratégia: a força da integração

Peter Drucker, o pai da administração moderna, afirmou que "a cultura devora a estratégia no café da manhã". Essa frase reflete o desafio de implementar estratégias em ambientes onde a cultura existente não apoia as mudanças necessárias. Em outras palavras, sem uma cultura favorável, as melhores estratégias falham.

No entanto, existe um contraponto importante: para evitar que a cultura devore a estratégia, a cultura precisa ser tratada como parte integrante da própria estratégia. Quando a cultura organizacional é incluída no planejamento estratégico, ela deixa de ser um obstáculo e passa a ser um pilar que sustenta a execução e o alcance dos objetivos.

Cultura como parte da estratégia

Em vez de tratar a cultura como algo separado, as empresas devem integrá-la aos seus planos estratégicos. Isso significa alinhar os valores e comportamentos organizacionais aos objetivos de longo prazo. Uma cultura bem alinhada à estratégia cria um ambiente onde as ações do dia a dia reforçam a visão e os valores da organização.

Na prática: uma empresa que busca se posicionar como líder em inovação precisa cultivar uma cultura que valorize a experimentação e a aprendizagem contínua. Sem isso, qualquer iniciativa estratégica nessa direção será comprometida.

Conexões com o passo 1 (alinhamento estratégico): *no passo 1, aprendemos que a estratégia define o "o quê" e o "por quê". Para que ela tenha sucesso, a cultura organizacional deve ser ajustada para garantir o "como". O alinhamento entre cultura e estratégia não é opcional – é fundamental para evitar falhas de execução.*

Sua organização trata a cultura como um ativo estratégico? Ou ela está apenas tentando adaptar a estratégia a uma cultura existente?

O papel do VMO na construção da cultura de inovação

O *Value Management Office* (VMO) conecta estratégia, cultura e execução, criando as condições para que a inovação prospere.

1. **Estruturar processos para experimentação.** O VMO cria *frameworks* para que equipes testem ideias rapidamente, ajustem ações com base em aprendizados e escalem iniciativas bem-sucedidas. Isso reduz riscos associados à inovação e torna o processo mais ágil.
2. **Facilitar a colaboração.** Ao quebrar silos organizacionais, o VMO promove integração entre áreas, criando um ambiente de troca de ideias. *Hackathons* e *workshops* são ferramentas úteis nesse contexto.

3. **Garantir alinhamento estratégico**. Cada ideia ou projeto inovador deve estar conectado aos objetivos organizacionais. O VMO assegura essa conexão, priorizando iniciativas que gerem impacto real.

Tipos de inovação

A inovação pode assumir diversas formas, dependendo da combinação entre mercado e tecnologia. Aqui estão os quatro tipos principais de inovação:

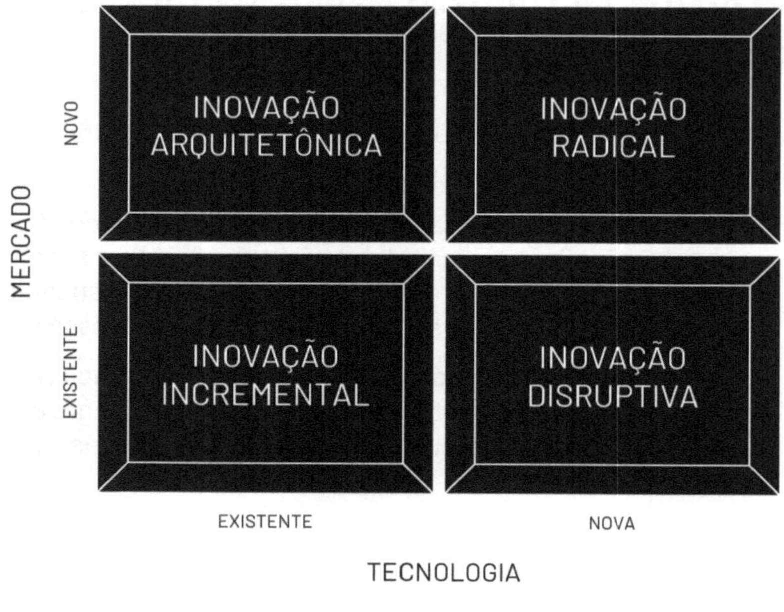

1. Incremental (mercado e tecnologia existentes)

Esse tipo de inovação foca em melhorias contínuas em produtos, serviços ou processos já existentes. Ele é menos disruptivo, mas pode gerar resultados significativos ao longo do tempo, garantindo a relevância da organização no mercado.

A inovação incremental permite que empresas evoluam continuamente seus produtos para atender às expectativas dos consumidores.

☛ **Na prática:** a cada novo modelo de iPhone, a Apple introduz melhorias incrementais, como câmeras mais avançadas, processadores mais rápidos e design refinado. Essas inovações não revolucionam o mercado de uma só vez, mas garantem que a Apple permaneça competitiva e relevante ao longo dos anos.

2. Disruptiva (mercado existente e tecnologia nova)

A inovação disruptiva ocorre quando tecnologias novas são aplicadas a mercados existentes, mudando drasticamente a forma como os produtos ou serviços são entregues. Essa abordagem muitas vezes redefine as expectativas dos consumidores e transforma os modelos de negócios estabelecidos.

A inovação disruptiva cria novos padrões de consumo e muitas vezes torna obsoletos os modelos de negócios anteriores.

☛ **Na prática:** inicialmente, a locação de vídeos era dominada por lojas físicas, como a Blockbuster. A Netflix revolucionou esse mercado ao introduzir a tecnologia de *streaming*, permitindo que os consumidores assistissem a filmes e séries sem sair de casa. Essa inovação mudou completamente a experiência do consumidor e desestruturou o modelo tradicional.

3. Arquitetônica (mercado novo e tecnologia existente)

A inovação arquitetônica ocorre quando tecnologias já existentes são adaptadas para atender a novos mercados ou públicos. Esse tipo de inovação não cria novas tecnologias, mas utiliza de forma estratégica o que já existe para explorar oportunidades.

A inovação arquitetônica permite que organizações alcancem novos públicos e criem diferenciais competitivos aproveitando tecnologias consolidadas.

☛ **Na prática:** o Globoplay usa a tecnologia de *streaming* para criar uma plataforma focada no público brasileiro, com conteúdo local e internacional. A tecnologia já era amplamente utilizada por empresas globais como Netflix, mas o Globoplay ajustou sua estratégia para atender a um mercado específico, oferecendo novelas, séries nacionais e esportes ao vivo, expandindo a penetração dessa tecnologia no Brasil.

4. Radical (mercado novo e tecnologia nova)

A inovação radical ocorre quando tecnologias completamente novas são desenvolvidas para criar mercados inéditos. Esse tipo de inovação é transformador, pois combina novas soluções tecnológicas com a exploração de demandas que antes não eram atendidas de maneira estruturada.

A inovação radical gera mudanças profundas na economia e na sociedade, criando padrões de consumo e reconfigurando indústrias inteiras.

☛ **Na prática:** o Airbnb criou um mercado totalmente novo ao conectar pessoas que possuem espaços disponíveis com viajantes que procuram acomodações, através de uma plataforma digital inovadora. Isso alterou radicalmente a forma como as pessoas pensam sobre hospedagem, desafiando o modelo tradicional de hotéis.

Estratégias práticas para implementar a cultura de inovação no VMO

Para que o VMO seja o motor da inovação, é necessário conectar as ideias criativas aos objetivos estratégicos da organização e garantir que cada iniciativa tenha um impacto mensurável.

1. Definir o que é valor antes de inovar

Antes de qualquer iniciativa de inovação, é essencial estabelecer o que constitui "valor" para a organização e seus *stakeholders*. Isso envolve entender profundamente os objetivos estratégicos, os desafios organizacionais e as expectativas dos clientes internos e externos.

Sem uma definição clara de valor, os esforços de inovação podem ser descoordenados, resultando em iniciativas desconectadas que consomem recursos sem gerar impacto significativo.

Como fazer isso no VMO?

- **Utilize o Mapa de Fluxo de Valor** para identificar os principais processos e iniciativas que geram resultados para a organização.
- **Envolva *stakeholders* de diferentes áreas** para garantir que a definição de valor seja abrangente e alinhada às necessidades organizacionais.
- **Priorize iniciativas de maior impacto** nos objetivos estratégicos e que contribuam diretamente para a satisfação dos clientes.

Na prática: um VMO em uma empresa de tecnologia identificou que a maior prioridade dos clientes era a redução de tempo de resposta nos serviços. Com base nisso, todas as iniciativas de inovação foram orientadas para melhorar a eficiência operacional, com o objetivo de reduzir o tempo de atendimento em 30%.

2. Criar métricas de impacto

Muitas organizações medem a inovação pelo número de ideias geradas ou protótipos criados. Embora esses indicadores sejam úteis, eles não capturam o impacto real da inovação. O VMO deve usar métricas que reflitam o valor gerado pelas iniciativas.

Como criar métricas eficazes?

- **Impacto nos fluxos de valor:** avalie como as iniciativas inovadoras melhoram os fluxos existentes.
- **Retorno sobre o Investimento (ROI):** meça os benefícios financeiros gerados em comparação ao custo da iniciativa.
- **Resultados estratégicos:** conecte as métricas diretamente aos objetivos estratégicos, como aumento de satisfação do cliente, redução de custos ou expansão de mercado.

Ferramentas úteis:

- Painéis de indicadores (*dashboards*) para monitorar o progresso e o impacto em tempo real.
- OKRs (*Objectives and Key Results*) para alinhar as iniciativas aos objetivos organizacionais.

☛ **Na prática:** uma organização de saúde criou métricas específicas para avaliar o impacto de novas tecnologias em hospitais, como tempo de espera dos pacientes e taxa de recuperação.

3. Fomentar uma cultura de experimentação

A experimentação é essencial para validar ideias de forma rápida e com baixo custo. No entanto, para que isso aconteça, o VMO precisa estabelecer processos claros que incentivem a experimentação e permitam ajustes ágeis com base nos aprendizados.

Como fomentar a experimentação?

- Crie espaços seguros para que as equipes testem ideias sem medo de falhar.
- Use abordagens ágeis, como *Sprints* de inovação, para uma prototipagem rápida e iterativa.
- Documente os aprendizados de cada experimento para que possam ser aplicados a iniciativas futuras.

☛ **Na prática:** uma *startup* de software organizou "semanas de experimentação" nas quais equipes de produto testaram pequenas melhorias em funcionalidades. Apenas as ideias validadas com dados de impacto foram escaladas.

4. Promover colaboração contínua

A inovação não acontece no isolamento. Para que ideias criativas prosperem, é necessário promover colaboração entre áreas, equipes e níveis hierárquicos.

Como promover colaboração?

- Organize *workshops* interdepartamentais para resolver problemas estratégicos, reunindo perspectivas de diferentes áreas.
- Use plataformas digitais de colaboração para facilitar a troca de ideias em tempo real.
- Crie programas formais, como *hackathons* internos, que incentivem equipes a trabalhar juntas em soluções inovadoras.

Benefícios da colaboração:

- Menos redundâncias entre iniciativas.
- Diferentes perspectivas integradas, resultando em soluções mais completas e inovadoras.

☛ **Na prática:** uma empresa de bens de consumo organizou *hackathons* para identificar formas de reduzir o uso de plástico em embalagens. O evento reuniu equipes de vários departamentos, como P&D (pesquisa e desenvolvimento), marketing e sustentabilidade.

5. Capacitar equipes

A inovação não depende apenas de processos e ferramentas; ela exige que as pessoas envolvidas tenham as competências certas. O VMO deve liderar iniciativas de capacitação para desenvolver habilidades como criatividade, pensamento crítico e colaboração para que sejam formados os **times de valor**, que veremos no passo 4.

Como capacitar equipes para inovar?

- Realize treinamentos regulares em técnicas de resolução de problemas e criatividade.
- Promova programas de mentoria onde colaboradores mais experientes compartilhem conhecimentos sobre práticas inovadoras.
- Ofereça *workshops* em metodologias de inovação, como *Design Thinking* ou *Lean Startup*.

☛ **Na prática:** uma empresa de manufatura criou um programa para capacitar gerentes a identificar oportunidades de melhoria contínua em suas operações.

Conclusão

A implementação dessas estratégias pelo VMO garante que a inovação seja contínua, alinhada aos objetivos estratégicos e mensurável. Ao investir nessas práticas, as organizações criam um ambiente onde a criatividade é valorizada, as ideias prosperam e os resultados geram valor real.

Conexão com o próximo passo: *a cultura de inovação cria a base para que os times de valor, foco do próximo passo, sejam mais eficazes. Esses times serão os principais agentes para transformar ideias em resultados concretos, ampliando ainda mais o impacto da inovação.*

8. Passo 4 – Times de valor

O que são times de valor?

Os times de valor são a espinha dorsal da entrega contínua de resultados em uma organização. Mais do que simplesmente executar tarefas, eles conectam ações aos objetivos estratégicos, promovendo uma entrega sustentável de valor para clientes internos e externos.

Esses times são formados por profissionais com habilidades complementares, capacitados para colaborar e maximizar o impacto em todas as etapas dos fluxos de valor. Eles não operam de forma isolada, mas como parte de um sistema integrado, garantindo que cada ação contribua diretamente para os objetivos organizacionais e para a satisfação dos *stakeholders*.

Eles não executam apenas projetos; eles estão alinhados com a estratégia organizacional, garantindo que cada ação contribua diretamente para os objetivos da empresa e para a satisfação dos *stakeholders*.

Conexões com os passos anteriores:

O passo 1 (alinhamento estratégico) estabeleceu a base para conectar as ações organizacionais aos objetivos estratégicos.

O passo 2 (governança de valor) criou os mecanismos para monitorar e garantir que os esforços gerem impacto real.

O passo 3 (cultura da inovação) definiu o ambiente organizacional que incentiva a criatividade, experimentação e colaboração.

Agora, no passo 4 (times de valor), exploramos como formar equipes capazes de transformar essas estratégias e essa cultura em resultados concretos.

Sua organização possui equipes capacitadas para transformar estratégia e inovação em resultados concretos?

Comportamentos dos times de valor

Para que os times de valor funcionem de maneira eficiente, é essencial compreender os comportamentos que guiam as interações e decisões. Comportamentos não surgem no vácuo; eles são moldados por normas sociais, experiências e contextos culturais. Dois experimentos clássicos ajudam a ilustrar como padrões de comportamento podem surgir e como eles afetam a dinâmica de equipes.

1. O teste dos macacos

Esse experimento mostra como normas sociais podem ser adotadas e perpetuadas, mesmo quando sua origem é esquecida. Em um ambiente organizacional, padrões como resistência a mudanças ou insistência em processos ultrapassados podem ser fruto de normas herdadas que nunca foram desafiadas.

Líderes e membros devem questionar "por que fazemos isso dessa forma?" e identificar comportamentos que não geram valor. Criar uma cultura de experimentação e aprendizado é essencial para superar barreiras herdadas.

Escaneie para assistir ao vídeo explicativo do teste ou acesse <https://youtu.be/5Kkm72s15gg>.

2. O teste da sala de espera

Neste experimento, indivíduos adotam o comportamento do grupo (levantar-se ao som de um sinal), mesmo sem saber o motivo. Isso destaca o poder da conformidade social.

Normas sociais podem ser positivas ou prejudiciais. É papel do líder criar um ambiente onde as normas reforcem valores, promovam a colaboração e incentivem comportamentos alinhados à estratégia organizacional.

Escaneie para assistir ao vídeo explicativo ou acesse <https://youtu.be/Cela5pOAK5s>.

Os 3 "cérebros"

Esta é uma forma amplamente reconhecida na neurociência para explicar como diferentes partes do cérebro humano influenciam decisões, emoções e comportamentos. Cada "cérebro" opera com funções distintas e velocidades específicas.

1. Cérebro reptiliano — O guardião instintivo

Função primária: o cérebro reptiliano é a camada mais antiga da evolução cerebral e está relacionado à sobrevivência. Ele regula funções básicas e automáticas, como respiração, batimentos cardíacos e respostas de luta ou fuga.

Velocidade: é o mais rápido dos três, respondendo instantaneamente a estímulos de ameaça ou pressão.

Aplicação nos times de valor

Útil em momentos de crise, quando é necessário reagir rapidamente a problemas ou riscos.

☛ **Na prática:** durante uma falha técnica grave em um projeto, o cérebro reptiliano leva um líder a agir imediatamente para mitigar o impacto inicial.

2. Cérebro límbico – O conector emocional

Função primária: o sistema límbico controla emoções, memória e conexões interpessoais. Ele nos ajuda a interpretar as intenções dos outros e a formar laços de confiança.

Velocidade: responde mais lentamente que o reptiliano, mas ainda é rápido o suficiente para influenciar interações emocionais.

Aplicação nos times de valor

Crucial para criar ambientes colaborativos e engajar membros emocionalmente com os objetivos da equipe.

☛ **Na prática:** um líder percebe a frustração de um membro da equipe e ajusta a abordagem para oferecer suporte emocional.

3. Neocórtex – O estrategista racional

Função primária: esta é a camada mais recente do cérebro humano, responsável por funções como pensamento crítico, criatividade, planejamento e resolução de problemas.

Velocidade: é o mais lento dos três cérebros, pois requer tempo para processar informações complexas e formular respostas estratégicas.

Aplicação nos times de valor

Ideal para decisões estratégicas de longo prazo e resolver problemas complexos.

☛ **Na prática:** uma equipe analisa dados de desempenho do projeto e decide reorganizar as prioridades para melhorar o impacto nos resultados estratégicos.

Integração dos 3 cérebros nos times de valor

Os 3 cérebros não atuam de forma isolada; eles se complementam para moldar o comportamento humano. Líderes e membros de times de valor precisam reconhecer quando cada "cérebro" está predominando e como usar suas forças a favor do time.

- **Reptiliano:** ajuda em situações de alta pressão, mas deve ser controlado para evitar reações precipitadas.
- **Límbico:** promove conexão emocional e engajamento dentro da equipe.
- **Neocórtex:** traz lógica, criatividade e visão estratégica para decisões mais complexas.

Compreender e equilibrar os 3 cérebros é essencial para que os times de valor prosperem em um ambiente de trabalho colaborativo, estratégico e emocionalmente inteligente.

Neuroplasticidade e sinapses: a base para o aprendizado contínuo

O cérebro humano é incrivelmente adaptável. Através da neuroplasticidade e das sinapses, ele reorganiza suas conexões para aprender, desaprender e evoluir. Além disso, as sinapses desempenham um papel crucial na formação de memórias emocionais, que impactam diretamente as decisões e interações nos times de valor.

Neuroplasticidade: capacidade de adaptação

A neuroplasticidade é a habilidade do cérebro de criar novas conexões neurais ou reforçar conexões existentes em resposta a experiências.

Aplicação nos times de valor: em um ambiente que promove aprendizado constante, os membros da equipe podem ajustar comportamentos, adquirir novas competências e melhorar sua colaboração.

☛ **Na prática:** uma equipe treinada em resolução de conflitos consegue mediar problemas internamente, mantendo o ambiente de trabalho harmonioso e produtivo.

Conexão com a cultura organizacional: empresas que incentivam treinamentos e *feedback* contínuo estimulam a neuroplasticidade, criando um time mais resiliente e adaptável.

Sinapse: o conector do conhecimento e das emoções

As sinapses, que conectam os neurônios no cérebro, não apenas facilitam a transmissão de informações como armazenam memórias emocionais, capazes de moldar comportamentos futuros.

Memórias emocionais e sua influência nos times de valor

Experiências positivas criam conexões sinápticas que incentivam comportamentos repetidos, como colaboração e engajamento. Experiências negativas podem gerar resistência a mudanças ou dificultar a confiança entre membros.

☛ **Na prática:** um time que teve experiências passadas positivas com reuniões abertas e *feedback* honesto tende a repetir esse comportamento, enquanto uma equipe com históricos de liderança autoritária pode resistir a novos métodos.

Transformando neurociência em prática

Para alavancar os benefícios da neuroplasticidade e das sinapses nos times de valor, algumas estratégias práticas podem ser adotadas:

1. **Promova experiências positivas:** proporcione interações que fortaleçam conexões sinápticas saudáveis e estimulem a confiança mútua.
2. **Invista na construção de hábitos:** reforce continuamente comportamentos desejados até que se tornem automáticos.
3. **Gerencie memórias emocionais negativas:** identifique e aborde comportamentos disfuncionais que possam ser frutos de experiências negativas, oferecendo suporte para mudar essas percepções.
4. **Crie espaços para *feedback*:** use *feedback* construtivo para criar novas sinapses e reforçar o aprendizado contínuo no time.
5. **Estimule a repetição:** práticas regulares, como reuniões e treinamentos, consolidam conexões sinápticas e promovem uma cultura de melhoria contínua.

Conclusão: a relação entre neuroplasticidade, sinapses e memórias emocionais destaca que o aprendizado e o comportamento nos times de valor não são fixos. Com práticas consistentes e um ambiente propício, as equipes podem transformar desafios em oportunidades, construindo conexões mais fortes e colaborativas ao longo do tempo.

Inteligência emocional

A eficácia de um time de valor não depende apenas de habilidades técnicas ou analíticas – tradicionalmente associadas ao Quociente Intelectual (QI). Hoje, a inteligência emocional, ou Quociente Emocional (QE), é reconhecida como um diferencial para o sucesso em ambientes colaborativos e de alta complexidade.

QI vs. QE

Quociente Intelectual (QI):

- Mede a capacidade cognitiva de um indivíduo.
- Relaciona-se com habilidades analíticas, como resolução de problemas lógicos, memória e raciocínio.

☛ **Exemplos de aplicação:** resolver cálculos complexos, desenvolver estratégias baseadas em dados.

Quociente Emocional (QE):

- Mede a capacidade de reconhecer, entender e gerenciar as próprias emoções e as dos outros.
- Relaciona-se com habilidades interpessoais, como empatia, autogerenciamento e construção de relacionamentos.

☛ **Exemplos de aplicação:** resolver conflitos no time, manter a calma em situações de pressão.

Por que o QE importa mais nos times de valor?

Embora o QI seja essencial para resolver problemas técnicos, o QE permite que equipes colaborem de forma eficaz, superem conflitos e se mantenham engajadas.

Observe a diferença:

- **Cenário focado em QI:** um analista altamente técnico resolve um problema de dados, mas tem dificuldade em comunicar sua solução para os outros membros do time, causando atrasos no projeto.
- **Cenário focado em QE:** um líder reconhece tensões na equipe durante uma reunião, ajusta a abordagem e promove um diálogo aberto, garantindo que todos se sintam ouvidos e comprometidos com o resultado.

Os 4 pilares da inteligência emocional

Segundo Daniel Goleman (1996), o QE pode ser dividido em quatro áreas:

- **Autoconsciência:** reconhecer e entender suas próprias emoções. Por exemplo, antes de uma apresentação importante, um membro do time percebe sua ansiedade e utiliza técnicas de respiração para manter o foco.
- **Autogerenciamento:** controlar emoções e comportamentos para manter a produtividade. Por exemplo, durante um *feedback* difícil, um líder mantém a calma e responde com objetividade, em vez de reagir impulsivamente.
- **Consciência social:** entender as emoções dos outros e o impacto das interações no grupo. Por exemplo, um colaborador identifica que um colega está sobrecarregado e oferece ajuda proativamente.
- **Gerenciamento de relacionamentos:** construir conexões positivas e eficazes com os outros. Por exemplo, um líder reconhece contribuições individuais e resolve conflitos de forma construtiva, ganhando a confiança do grupo.

Como integrar QI e QE nos times de valor?

A combinação de QI e QE é o que diferencia equipes que apenas entregam resultados técnicos daquelas que entregam valor sustentável. Estratégias para alcançar esse equilíbrio incluem:

1. **Treinamento em inteligência emocional:** *workshops* para desenvolver habilidades de empatia, escuta ativa e gestão de conflitos.

2. **Diversificação de habilidades:** combine perfis técnicos com perfis colaborativos para criar equipes equilibradas.
3. **Reforce a comunicação:** crie um ambiente onde todos se sintam seguros para expressar ideias e preocupações, incentivando uma troca aberta e honesta.

Conclusão: enquanto o QI ajuda a resolver problemas técnicos, o QE é o que garante a coesão e o engajamento dentro do time. Nos times de valor, a sinergia entre QI e QE cria o equilíbrio perfeito para enfrentar desafios complexos e entregar resultados impactantes.

Inteligência emocional na prática: estratégias para os times de valor

A inteligência emocional (QE) não é apenas um conceito; é uma habilidade prática que pode ser desenvolvida e aplicada para aumentar a eficiência, a colaboração e os resultados nos times de valor. As estratégias a seguir mostram como as equipes podem transformar o Quociente Emocional (QE) em um diferencial competitivo.

1. Pratique a empatia no cotidiano

A empatia é o coração da inteligência emocional. Ela permite que os membros do time compreendam as necessidades uns dos outros e se alinhem melhor aos objetivos comuns.

☛ **Na prática:** durante uma discussão sobre prioridades, um líder identifica que um colaborador está preocupado com a sobrecarga de trabalho. Ele ajusta as demandas, redistribuindo tarefas para equilibrar a carga.

⌖ **Estratégia:** realize reuniões regulares de "*check-in* emocional" para entender como os membros do time estão se sentindo e identificar desafios antes que eles afetem o desempenho.

2. Estabeleça *feedback* contínuo e construtivo

Um ambiente de confiança é construído quando os membros do time sentem que suas contribuições são reconhecidas e que há espaço para melhorias sem julgamentos.

- **Na prática:** após a entrega de um projeto, a equipe realiza uma retrospectiva para discutir o que funcionou bem e o que pode ser aprimorado, sem apontar culpados.

- **Estratégia:** use ferramentas como *Start, Stop, Continue*, onde os membros discutem o que começar, parar e continuar fazendo no próximo ciclo.

3. Promova a autoconsciência e o autogerenciamento

Membros emocionalmente inteligentes reconhecem seus próprios gatilhos emocionais e desenvolvem técnicas para manter o foco, mesmo sob pressão.

- **Na prática:** um colaborador que sente ansiedade antes de reuniões importantes usa técnicas de respiração ou meditação para se acalmar e participar ativamente.

- **Estratégia:** ofereça treinamentos em *mindfulness* e gestão de emoções para melhorar a capacidade de autocontrole nos momentos de alta pressão.

4. Reforce a consciência social na equipe

A consciência social permite que os membros compreendam como suas ações afetam o clima do time e os resultados.

- **Na prática:** em uma equipe multicultural, os membros ajustam sua comunicação para respeitar os diferentes estilos locais, promovendo uma interação harmoniosa.

- **Estratégia:** realize *workshops* sobre diversidade e inclusão para aumentar a sensibilidade e o respeito mútuo dentro da equipe.

5. Gerencie relacionamentos com propósito

Relacionamentos sólidos são a base para a colaboração eficaz. Quando os membros do time se sentem conectados, eles têm mais disposição para compartilhar ideias, resolver problemas e inovar.

- **Na prática:** durante um projeto interdepartamental, um líder organiza reuniões informais para criar um ambiente de confiança e integrar áreas.

- **Estratégia:** estabeleça programas de mentoria ou encontros regulares para fortalecer laços entre os membros e criar um senso de pertencimento.

Inteligência emocional em momentos de crise

Nos momentos de crise ou mudança, o Quociente Emocional se torna ainda mais essencial. Ele ajuda os times de valor a manterem a calma, encontrarem soluções criativas e adaptarem-se rapidamente às novas condições.

- **Na prática:** durante um grande atraso em um projeto estratégico, o time alinha expectativas, prioriza tarefas críticas e mantém a motivação.
- **Estratégia:** desenvolva planos de contingência que incluam aspectos emocionais, como gestão de conflitos e suporte ao bem-estar da equipe.

A inteligência emocional transforma os times de valor em equipes resilientes, colaborativas e altamente eficazes. Os times conseguem superar desafios, criam um ambiente positivo e entregam resultados que vão além do esperado.

Você é a média das 5 pessoas com quem mais convive

O conceito de que "você é a média das 5 pessoas com quem mais convive", popularizado por Jim Rohn, é uma poderosa reflexão sobre como nossas conexões moldam quem somos e, no contexto organizacional, como impactam a performance dos times de valor. As pessoas ao nosso redor influenciam diretamente nossos comportamentos, nossas atitudes e nossas decisões, tanto de forma consciente quanto inconsciente.

Nos times de valor, onde a colaboração e a troca de ideias são fundamentais, essa dinâmica se torna ainda mais evidente. A qualidade das interações internas define não apenas o desempenho do time, mas também o impacto de suas entregas na organização.

Como as 5 pessoas ao seu redor moldam você?

- **Comportamento contagiante:** em um ambiente de equipe, as atitudes, crenças e práticas dos membros se espalham rapidamente. Se o grupo valoriza a colaboração e a inovação, todos os integrantes serão incentivados a agir da mesma forma. Exemplo prático: em um time de valor com uma cultura de aprendizado contínuo, um membro mais reservado pode ser estimulado a buscar novas habilidades e compartilhar conhecimentos.

- **Alinhamento de propósito:** Trabalhar ao lado de pessoas que compartilham valores e objetivos cria uma força coletiva mais coesa e direcionada. Exemplo prático: uma equipe focada em sustentabilidade pode alinhar suas decisões à missão organizacional, como reduzir desperdícios ou criar produtos ecoeficientes.
- **Desenvolvimento de competências:** conviver com pessoas que possuem habilidades complementares ou superiores às suas desafia você a crescer e se adaptar, elevando o padrão coletivo. Exemplo prático: um profissional de marketing em uma equipe com especialistas em tecnologia e design aprende novas abordagens para comunicar valor ao cliente.

Escolhendo as 5 pessoas certas

No contexto dos times de valor, a composição da equipe deve ser intencional, reunindo membros que não apenas tragam competências técnicas, como também comportamentos alinhados aos valores organizacionais.

- **A diversidade como vantagem:** equipes compostas por indivíduos com origens e experiências variadas ampliam a perspectiva coletiva, resultando em soluções mais criativas. Exemplo prático: uma equipe multidisciplinar resolve um problema complexo ao combinar visões de engenharia, finanças e atendimento ao cliente.
- **O impacto do alinhamento:** quando os membros compartilham um propósito comum, a motivação e o engajamento aumentam, reduzindo conflitos desnecessários. Exemplo prático: um time de valor entende claramente os objetivos estratégicos da empresa e trabalha de forma coordenada, reduzindo retrabalhos.

A dinâmica de influência nos times de valor

Interdependência positiva: cada membro do time tem um papel específico, mas o sucesso individual está diretamente ligado ao sucesso coletivo.

☛ **Na prática:** em um projeto de lançamento de produto, o trabalho de um designer depende do *feedback* claro do time de marketing e do suporte técnico dos desenvolvedores.

Cultura de *feedback*: as interações diárias moldam as habilidades e os comportamentos dos membros. Um ambiente com *feedback* frequente e construtivo acelera o crescimento coletivo.

☛ **Na prática:** uma equipe realiza reuniões semanais para identificar pontos de melhoria e reconhecer boas práticas.

Resiliência coletiva: times com uma forte base de relacionamentos conseguem superar desafios e emergir mais fortes, adaptando-se rapidamente a mudanças ou crises.

☛ **Na prática:** durante um atraso crítico, o time se organiza para redistribuir tarefas, mantendo o foco nas prioridades sem comprometer o prazo final.

Conclusão

O conceito de que "você é a média das 5 pessoas com quem mais convive" ressalta a importância de estar cercado por profissionais que inspiram, desafiam e colaboram. Nos times de valor, isso se traduz em um ambiente onde a troca de habilidades e comportamentos construtivos eleva o desempenho de todos.

Você está contribuindo para que seu time eleve a média ou está apenas se adaptando ao padrão atual? Seu time está moldando você para ser a melhor versão de si mesmo?

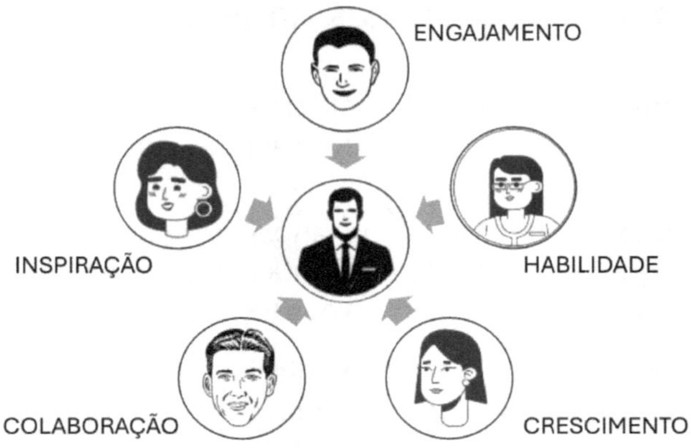

Características dos times de valor

Os times de valor maximizam resultados, não apenas em projetos pontuais, mas em todo o ciclo de vida organizacional. Suas características principais:

1. Multifuncionalidade

Os times de valor são formados por profissionais com habilidades complementares, capazes de atuar de forma integrada em todas as etapas — desde a concepção e o planejamento até a entrega e operação contínua.

☛ **Na prática:** no projeto de desenvolvimento de um novo avião, o sucesso não se limita à entrega da aeronave pronta. É essencial que todo o ecossistema necessário para sua operação seja considerado:

- **Aeroportos:** as infraestruturas aeroportuárias devem estar preparadas para receber o novo modelo, como pistas adaptadas e sistemas de abastecimento específicos.
- **Treinamento:** pilotos e equipes de manutenção devem saber operar e dar suporte à aeronave com segurança e eficiência.
- **Parceiros globais:** parcerias estratégicas devem ser estabelecidas para realizar a manutenção das aeronaves em diferentes localidades ao redor do mundo.
- **Monitoramento:** sistemas devem acompanhar indicadores de performance do avião em operação, identificando possíveis problemas que não foram previstos durante o projeto.

- ***Feedback* contínuo:** os aprendizados obtidos devem ser incorporados na operação ao desenvolvimento de futuras melhorias, criando um ciclo contínuo de inovação e entrega de valor.

2. Foco no valor

Cada membro do time compreende como suas ações impactam diretamente os objetivos estratégicos da organização e a satisfação de *stakeholders* internos e externos. Isso significa que os times de valor não se limitam a entregar *outputs* (entregáveis), mas estão comprometidos com *outcomes* (resultados significativos).

3. Flexibilidade

Times de valor se adaptam rapidamente às necessidades organizacionais, sejam elas relacionadas à estratégia, aos projetos ou a uma operação contínua. Essa flexibilidade permite que os times priorizem iniciativas de alto impacto e ajustem rapidamente suas ações conforme necessário.

Vantagens de uma boa comunicação nos times de valor

A comunicação clara é fundamental para o sucesso dos times de valor, especialmente em cenários organizacionais complexos e dinâmicos. Ela promove a eficiência, elimina ambiguidades e cria um ambiente de trabalho colaborativo, onde todos sabem exatamente como suas contribuições estão conectadas aos objetivos estratégicos.

1. Responsabilidades claras

Cada membro do time deve ter clareza sobre seu papel, suas responsabilidades e como suas ações impactam o objetivo maior do time.

Papéis bem definidos eliminam redundâncias e reduzem a sobrecarga mental de colaboradores que podem se sentir perdidos em tarefas mal direcionadas.

☛ **Na prática**: em uma equipe de desenvolvimento de software, um engenheiro é responsável pelo *front-end*, enquanto outro se concentra no *back-end*. Essa divisão clara elimina conflitos e garante entregas mais ágeis e de alta qualidade.

2. Melhoria no entendimento

Papéis bem definidos facilitam a interação entre os membros, eliminando conflitos desnecessários e promovendo a sinergia.

Como funciona? A clareza na comunicação reduz incertezas ao criar fluxos bem estruturados de troca de informações. Além disso, *feedback* regular garante que ajustes possam ser feitos em tempo real.

☛ **Na prática:** em um time responsável por gerenciar um projeto de expansão internacional, reuniões semanais são realizadas para alinhar expectativas e resolver problemas antes que eles escalem.

3. Aumento da eficiência

Quando as responsabilidades são bem distribuídas e comunicadas, os membros da equipe podem se concentrar em suas especialidades, otimizando a produtividade e garantindo entregas com maior qualidade.

A eficiência é maximizada quando a comunicação é direta e cada tarefa tem um responsável claro, evitando duplicação de esforços ou lacunas no processo.

☛ **Na prática:** uma equipe que desenvolve uma campanha de marketing define claramente quem será responsável por criar o design, elaborar a redação e analisar as métricas de performance. Essa divisão de tarefas permite que cada especialista trabalhe com foco e confiança.

Do mundo VUCA ao mundo BANI: a nova realidade para times de valor

As organizações estão operando em um ambiente cada vez mais caótico e imprevisível. Durante décadas, o conceito de VUCA ajudou líderes a entender e enfrentar desafios organizacionais. Contudo, o avanço da globalização, a digitalização acelerada e eventos disruptivos como crises globais tornaram o VUCA insuficiente. Hoje, vivemos no mundo BANI, uma nova realidade que exige práticas de adaptação e antifragilidade.

Os times de valor, nesse cenário, devem prosperar ao combinar os aprendizados do passado com práticas que convertem caos em oportunidades.

O que era o mundo VUCA?

O conceito de VUCA (*Volatility, Uncertainty, Complexity, Ambiguity*) foi criado nos anos 1980 pelo *U.S. Army War College* (Colégio de Guerra do Exército dos Estados Unidos) para descrever o ambiente global pós-Guerra Fria. Ele representava um mundo onde mudanças rápidas, incertezas e complexidade exigiam novos modelos de liderança e tomada de decisão.

- **Volatilidade:** mudanças constantes e inesperadas. Exemplo prático: uma empresa que enfrenta oscilações econômicas desenvolve reservas financeiras para mitigar riscos.
- **Incerteza:** dificuldade em prever o futuro. Exemplo prático: a alta administração utiliza cenários estratégicos para reduzir incertezas e ajustar prioridades.
- **Complexidade:** muitas variáveis interconectadas tornam as decisões difíceis. Exemplo prático: empresas utilizam ferramentas como análise de sistemas para mapear interdependências.
- **Ambiguidade:** informações incompletas ou confusas dificultam decisões claras. Exemplo prático: comunicação clara é usada para mitigar interpretações conflitantes.

Embora tenha sido útil, o VUCA refletia um mundo onde as variáveis, embora desafiadoras, ainda eram conhecidas ou previsíveis dentro de certos limites.

Por que o VUCA não faz mais sentido?

No contexto atual, crises e mudanças são tão rápidas e desproporcionais que o VUCA não consegue mais oferecer um modelo eficaz. Elementos como ansiedade coletiva e fragilidade estrutural revelaram a necessidade de um novo modelo, o BANI.

O mundo BANI: a nova realidade

Criado por Jamais Cascio em 2020[1], o conceito de BANI (*Brittle, Anxious, Nonlinear, Incomprehensible*) descreve um ambiente ainda mais caótico, onde sistemas se mostram frágeis, as reações humanas são moldadas por estresse e não linearidade, representando desafios significativos para indivíduos e organizações.

- **Fragilidade (*Brittle*):** sistemas aparentemente fortes colapsam facilmente sob pressão. Exemplo: uma cadeia de suprimentos global falha devido a uma crise logística regional.
- **Ansiedade (*Anxious*):** a incerteza constante gera preocupação e paralisia. Exemplo: equipes desmotivadas por falta de clareza nas diretrizes.
- **Não linearidade (*Nonlinear*):** pequenas ações podem gerar impactos desproporcionais. Exemplo: uma pequena falha de software pode levar a uma crise de reputação massiva.
- **Incompreensível (*Incomprehensible*):** algumas situações são tão complexas que se tornam impossíveis de compreender. Exemplo: a rápida adoção de inteligência artificial transforma o mercado de maneira difícil de prever.

Antifragilidade: resposta para o mundo BANI

Enquanto a resiliência busca restaurar o estado original após um choque, a antifragilidade, conceito introduzido por Nassim Nicholas Taleb (2012), é a capacidade de crescer e prosperar em meio ao caos e à incerteza.

Como os times de valor podem ser antifrágeis?

1. **Aprender com o caos:** cada falha é uma oportunidade de aprendizado.
2. **Diversidade estratégica:** equipes com múltiplas perspectivas são mais adaptáveis.
3. **Experimentação contínua:** pequenos testes permitem ajustes rápidos sem grandes riscos.

[1] Para mais detalhes, acesse <https://medium.com/@cascio/facing-the-age-of-chaos-b00687b1f51d>.

Como os times de valor devem se comportar no mundo BANI?

No mundo BANI, times de valor não podem operar como no passado. Eles devem integrar os conceitos de antifragilidade e colaboração estratégica, aplicando práticas adaptáveis e de alta performance:

1. Adotar uma visão sistêmica: enxergar a organização como um sistema interconectado, onde decisões locais têm impactos globais.

☛ **Na prática:** em um projeto de transformação digital, por exemplo, considerar de que forma mudanças tecnológicas afetam o cliente final e os próprios processos internos da empresa.

2. Promover a transparência: no BANI, a ansiedade é uma constante. Reduzir incertezas exige clareza na comunicação e simplicidade nas mensagens.

☛ **Na prática:** *dashboards* atualizados em tempo real podem ser implementados para mostrar o progresso de projetos e os resultados estratégicos.

3. Incorporar a experimentação: pequenas iniciativas podem gerar *insights* para decisões maiores.

☛ **Na prática:** uma possibilidade é testar um novo modelo de negócio em uma unidade piloto antes de implementá-lo globalmente.

4. Fomentar a colaboração e a diversidade: equipes multifuncionais promovem perspectivas variadas, essenciais para resolver problemas complexos.

☛ **Na prática:** reunir as áreas de marketing, operações e tecnologia para desenvolver uma estratégia unificada de lançamento de produtos é uma possibilidade.

5. Aprender com o fracasso: cada erro deve ser tratado como uma oportunidade de crescimento.

☛ **Na prática:** após uma falha em um projeto, realizar um *workshop* de lições aprendidas para melhorar processos futuros.

Os times de valor são o coração da adaptação organizacional no BANI. Eles garantem que as iniciativas estratégicas sejam resilientes, inovadoras e alinhadas aos objetivos organizacionais, mesmo em um ambiente caótico.

Seus times estão prontos para operar no caos? Sua organização utiliza crises como oportunidades para inovação?

Diversidade e equidade nos times de valor

A diversidade e a equidade são componentes indispensáveis para o sucesso de times de valor. Quando uma equipe é composta por indivíduos com diferentes origens, perspectivas e habilidades, ela ganha a capacidade de abordar problemas de forma mais criativa e abrangente, resultando em soluções mais eficazes e inovadoras.

Além disso, diversidade e equidade não devem ser limitadas a temas tradicionalmente discutidos, como orientação sexual, etnias e condições sociais, mas devem ser vistas de forma mais ampla, incluindo:

- **Diversidade de nacionalidades:** times compostos por membros de diferentes países têm acesso a perspectivas culturais variadas, enriquecendo a abordagem de problemas globais e permitindo maior sensibilidade e eficácia em contextos multiculturais.
- **Diversidade de experiências profissionais:** integrar pessoas com trajetórias e formações distintas complementa habilidades, melhorando a capacidade de resolver problemas complexos.
- **Diversidade cognitiva:** valorizar formas de pensar diferentes – como o pensamento analítico, criativo ou estratégico – promove decisões mais balanceadas e inovadoras.
- **Equidade de acesso:** garantir que todos na equipe tenham acesso às mesmas ferramentas, informações e oportunidades de crescimento é essencial para criar condições de igualdade.
- **Diversidade linguística:** o domínio de múltiplos idiomas em uma equipe permite melhor comunicação em contextos internacionais e facilita a empatia entre culturas.
- **Equidade na tomada de decisão:** garantir que cada membro da equipe tenha a oportunidade de expressar suas ideias e contribuir com perspectivas distintas é essencial para criar um ambiente colaborativo. No entanto, é importante deixar claro que a decisão final cabe a quem tem o poder estabelecido para tomá-la, conforme o papel e a responsabilidade designados dentro da equipe. Esse equilíbrio permite que todos se sintam valorizados

enquanto mantém a clareza e a eficiência no processo de decisão.

Impacto global

No cenário atual, equipes diversificadas e equitativas são essenciais para enfrentar os desafios de um mundo globalizado e interconectado. A integração de diferentes nacionalidades, culturas e habilidades permite que os times de valor operem com maior flexibilidade e alcancem melhores resultados em mercados dinâmicos e variados.

Adotar essa visão ampla de diversidade e equidade é fundamental para formar equipes que não apenas entreguem resultados superiores, mas também ajudem a moldar um ambiente organizacional mais inclusivo e sustentável, preparado para enfrentar os desafios do futuro.

Benefícios da diversidade

A diversidade vai além de aspectos visíveis, como gênero, idade ou etnia; ela inclui também diferenças em experiências, conhecimentos e formas de pensar.

Benefícios:

1. **Resolução criativa de problemas:** a variedade de perspectivas permite a abordagem de desafios sob ângulos diferentes.
2. **Decisões mais informadas:** equipes diversas consideram mais fatores antes de tomar decisões importantes.
3. **Conexão com públicos diversos:** um time que reflita a diversidade dos clientes pode atender melhor às suas necessidades.

☛ **Na prática:** uma equipe de desenvolvimento de produtos com profissionais de diferentes regiões geográficas pode criar soluções mais adaptadas a mercados globais.

Benefícios da equidade

A equidade garante que todos os membros da equipe tenham acesso às mesmas oportunidades, recursos e reconhecimento, independentemente de suas diferenças.

Benefícios:

1. **Engajamento aumentado:** membros que sentem que suas contribuições são valorizadas trabalham com mais motivação.
2. **Redução de conflitos:** um ambiente equitativo promove respeito e colaboração.
3. **Maior retenção de talentos:** profissionais tendem a permanecer em organizações que valorizam e promovem a equidade.

☛ **Na prática:** um líder que reconhece a necessidade de capacitação adicional para um membro de sua equipe e oferece treinamentos específicos para equilibrar o desempenho.

Como promover diversidade e equidade nos times de valor

1. Crie um ambiente inclusivo: garanta que todos se sintam ouvidos e respeitados, independentemente de suas origens ou opiniões.

☛ **Na prática:** estabeleça reuniões onde cada membro tenha a oportunidade de compartilhar suas ideias.

2. Capacite líderes para gerenciar diversidade: líderes devem estar preparados para identificar e valorizar as diferenças, enquanto mantêm o foco nos objetivos estratégicos.

☛ **Na prática:** treinamentos em liderança inclusiva podem ajudar a criar times mais integrados.

3. Promova a equidade no reconhecimento: certifique-se de que o reconhecimento seja baseado em mérito e contribuições reais.

☛ **Na prática:** estabeleça critérios claros e objetivos para promoções e recompensas.

4. Monitore e ajuste práticas organizacionais: use dados para avaliar se os esforços de diversidade e equidade estão tendo o impacto desejado.

☛ **Na prática:** ferramentas de análise de engajamento podem ajudar a identificar áreas que precisam de ajustes.

Diversidade e equidade como catalisadores de valor

Quando diversidade e equidade são integradas aos times de valor, elas não só aumentam a eficácia das equipes como impulsionam a inovação e a capacidade de gerar resultados sustentáveis.

Modelo de Tuckman: o ciclo de desenvolvimento dos times de valor

O Modelo de Tuckman, inicialmente desenvolvido por Bruce Tuckman em 1965, descreve os estágios pelos quais todas as equipes passam para atingir seu potencial máximo. Em 1977, em parceria com Mary Ann Jensen, Tuckman ampliou o modelo ao incluir o quinto estágio: *Adjourning* (Encerramento). Juntos, os estágios *Forming, Storming, Norming, Performing* e *Adjourning* fornecem um guia valioso para compreender a evolução das equipes.

Os 5 estágios do modelo de Tuckman

Forming (Formação)

Este é o estágio inicial, onde os membros estão se conhecendo e ajustando expectativas. Há alta dependência do líder, e os papéis ainda são indefinidos.

No contexto dos times de valor, o líder deve articular a missão e criar um ambiente seguro para que os membros se conectem.

☛ **Na prática:** uma equipe recém-formada para um projeto estratégico começa a estabelecer objetivos comuns e compreender o fluxo de valor.

Storming (Conflito)

Nesta fase surgem conflitos à medida que os membros ajustam suas perspectivas e métodos de trabalho. Há resistência a mudanças, conflitos interpessoais e desafios às decisões do líder.

No contexto dos times de valor, o líder deve gerenciar conflitos de forma proativa e facilitar a comunicação para alcançar consensos.

☛ **Na prática:** um time de tecnologia, composto por profissionais experientes, enfrenta desentendimentos sobre a priorização de tarefas durante a execução de um projeto. Embora todos estejam comprometidos em alcançar o melhor resultado, as divergências sobre a abordagem ideal geram tensão. Nesse cenário, a liderança desempenha um papel crucial ao facilitar o diálogo, alinhar expectativas e ajudar a equipe a encontrar um consenso que respeite as diferentes perspectivas e mantenha o foco nos objetivos do projeto.

Norming (Normatização)

Com os conflitos resolvidos, a equipe começa a estabelecer normas, criando um ambiente de colaboração e confiança. Há definição de papéis, melhoria na comunicação e aumento da produtividade.

No contexto dos times de valor, este é o momento de formalizar processos e reforçar o alinhamento com os objetivos estratégicos.

☛ **Na prática:** uma equipe de vendas define processos claros para alinhar suas ações às metas trimestrais, aumentando a eficácia.

Performing (Desempenho)

A equipe atinge alta performance, operando de maneira eficiente e autônoma, com foco em resultados e entrega de valor. Há alta autonomia, resolução proativa de problemas e entrega consistente de resultados.

No contexto dos times de valor, a equipe entrega resultados alinhados aos objetivos estratégicos e gera impacto positivo nos *stakeholders*.

☛ **Na prática:** um time de inovação desenvolve, testa e implementa soluções em ciclos rápidos, garantindo impacto mensurável.

Adjourning (Encerramento)

Incluído em 1977 por Tuckman e Jensen, este estágio ocorre quando o projeto ou objetivo da equipe é concluído, e os membros seguem caminhos diferentes. Há reflexão sobre os aprendizados, reconhecimento das conquistas e desmobilização da equipe.

No contexto dos times de valor, é o momento de avaliar o impacto gerado, consolidar lições aprendidas e celebrar as conquistas antes de desmobilizar a equipe ou realocá-la em novos fluxos de valor.

☛ **Na prática:** após concluir um projeto estratégico, a equipe realiza uma reunião final para revisar os resultados, documentar aprendizados e celebrar o sucesso.

O impacto das mudanças no time

Um dos principais desafios dos times de valor é lidar com mudanças na composição da equipe. A inclusão de novos membros ou a saída de integrantes pode fazer com que a equipe, mesmo no estágio de *Performing*, retorne ao *Forming* ou *Storming*.

Por que isso acontece?

- A dinâmica do time muda com cada novo integrante, exigindo um novo período de adaptação.
- O equilíbrio construído no estágio de *Norming* ou *Performing* pode ser desafiado por diferentes estilos de trabalho, habilidades ou expectativas.

Como minimizar o impacto?

- Realize sessões de integração para novos membros, alinhando expectativas e papéis rapidamente.
- Reforce normas e processos estabelecidos para acelerar o retorno ao alto desempenho.

☛ **Na prática:** uma equipe de design em estágio de *Performing* perde um designer sênior e recebe um novo membro. A equipe precisa ajustar a comunicação e os processos para integrar o novo colaborador e retomar o ritmo anterior.

Aplicando o modelo de Tuckman nos times de valor

1. **Identifique o estágio atual:** avalie em qual estágio a equipe se encontra e quais ações são necessárias para avançar.
2. **Adapte suas estratégias de liderança:** forneça suporte apropriado para ajudar a equipe a superar desafios específicos de cada estágio.
3. **Conduza um encerramento eficaz:** no estágio de *Adjourning*, promova reflexões sobre o impacto gerado, documente lições aprendidas e reconheça as contribuições de cada membro.

Conexão com o próximo passo: implantação do VMO. *O modelo de Tuckman destaca a natureza dinâmica dos times de valor e sua evolução ao longo do tempo. No próximo passo, exploraremos como estruturar o VMO (Value Management Office) para sustentar fluxos de valor e maximizar resultados organizacionais.*

9. Passo 5 – Implantação do VMO

Por que o VMO é essencial para as organizações?

Em um mundo corporativo que exige cada vez mais agilidade, inovação e foco na entrega de valor, o *Value Management Office* (VMO) se apresenta como um diferencial estratégico. Diferentemente dos tradicionais escritórios de projetos, o VMO não apenas gerencia iniciativas – ele se posiciona como o elo entre a estratégia organizacional e a geração de resultados mensuráveis.

O VMO é uma estrutura que conecta os fluxos de valor ao propósito organizacional, garantindo que cada decisão, processo ou projeto esteja alinhado aos objetivos estratégicos. Ele não é apenas uma ferramenta de gestão, mas uma forma de transformar as empresas, promovendo um ambiente mais colaborativo e centrado na geração de impacto real.

Por que este passo é fundamental?

A implantação do VMO estabelece as bases para que a entrega de valor seja contínua e sustentável. No entanto, é impossível implementar um VMO sem os alicerces construídos nos passos anteriores.

- **Alinhamento estratégico:** garante que tudo o que o VMO supervisiona ou realiza esteja diretamente conectado aos objetivos organizacionais.
- **Governança de valor:** fornece os mecanismos necessários para garantir que o VMO entregue impacto mensurável.
- **Cultura de inovação:** cria o ambiente onde novas ideias e abordagens podem prosperar, essenciais para o sucesso do VMO.

- **Times de valor:** oferecem a força de trabalho colaborativa e multifuncional necessária para executar os fluxos de valor com excelência.

Sem esses pilares, qualquer tentativa de implantação do VMO será superficial, resultando em estruturas que falham em entregar o impacto esperado.

Sua empresa está preparada para implantar um VMO que conecte estratégia, execução e valor de forma eficiente e mensurável?

O que é um VMO?

O *Value Management Office* (VMO) é mais do que um simples escritório de gestão. Ele é a peça central que conecta estratégia, execução e entrega de valor. Enquanto escritórios como o PMO (*Project Management Office*) focam na gestão de projetos, o VMO expande sua atuação para garantir que todas as iniciativas e fluxos estejam alinhados à estratégia organizacional e aos objetivos de valor.

O VMO é uma estrutura organizacional voltada para maximizar o impacto estratégico por meio da gestão integrada de projetos, processos, recursos e governança. Ele garante que todas as ações estejam conectadas à entrega de valor, tanto para *stakeholders* internos quanto externos. No entanto, é importante ressaltar que o VMO não executa atividades-fim. Em vez disso, ele fomenta, conversa e impulsiona as áreas e os times de valor a se manterem:

- alinhados estrategicamente,
- seguindo uma governança de valor sólida,
- operando dentro da cultura organizacional adequada,
- utilizando tecnologias necessárias e
- promovendo experimentação contínua para sustentar a entrega de valor.

Em outras palavras, o VMO atua como um catalisador que integra os 8 passos do método VMO Expert, garantindo que a organização alcance resultados estratégicos com eficiência e sustentabilidade.

Características-chave de um VMO:

1. **Foco em valor:** diferentemente de estruturas tradicionais, o VMO não se concentra apenas em entregáveis (*outputs*), mas em resultados significativos (*outcomes*).
2. **Atuação estratégica:** o VMO funciona como um conector entre os níveis estratégico e operacional, garantindo que cada iniciativa esteja alinhada aos objetivos organizacionais.
3. **Flexibilidade:** adapta-se às necessidades organizacionais, seja priorizando iniciativas críticas, seja ajustando processos para gerar mais impacto.
4. **Melhoria contínua:** o VMO cria ciclos de *feedback* para eliminar desperdícios e aumentar a eficiência.
5. **Impacto mensurável:** ao focar em resultados estratégicos, o VMO oferece métricas claras que demonstram seu valor para a organização.

☛ **Na prática:** em uma organização que implementa um VMO, iniciativas isoladas, como redução de custos operacionais ou lançamento de novos produtos, são alinhadas a um propósito estratégico maior – por exemplo, expandir a participação de mercado em 20% em 3 anos.

VMO: elo entre estratégia, governança e operação

Realizando uma avaliação inicial

Antes de implementar um VMO, é fundamental compreender o contexto da organização. Sem um diagnóstico adequado, há o risco de investir esforços em soluções desalinhadas às reais necessidades da empresa. A avaliação inicial permite que a implementação do VMO seja baseada em fatos concretos, maximizando o impacto e minimizando riscos.

Por que avaliar?

1. **Direcionamento estratégico:** a avaliação inicial ajuda a garantir que a criação do VMO esteja alinhada aos objetivos estratégicos da empresa, evitando iniciativas desconectadas do que realmente gera valor.
2. **Eficiência na alocação de recursos:** com um diagnóstico detalhado, é possível identificar onde a organização mais precisa de suporte e direcionar os esforços para áreas que terão maior impacto.
3. **Identificação e mitigação de riscos:** avaliar o cenário atual permite antecipar desafios e fraquezas, criando um plano de ação preventivo que reduz obstáculos na implementação do VMO.
4. **Facilitação da adoção e redução de resistências:** mudanças estruturais podem gerar resistência. Quando a organização compreende os benefícios e as necessidades da transformação, a aceitação é maior, e a transição ocorre de forma mais fluida.

O que avaliar?

1. **Maturidade organizacional em gestão de projetos e processos.** Utilizar *frameworks* como o Modelo de Maturidade em Gestão de Projetos (MMGP) de Darci Prado, que avalia dimensões como alinhamento estratégico, processos, pessoas e tecnologia.
2. **Cultura organizacional.** A cultura existente favorece a colaboração, a inovação e a orientação para resultados?
3. **Estrutura atual.** Identificar como a organização está estruturada, incluindo equipes, fluxos de trabalho e governança.
4. **Capacidade tecnológica.** Mapear as ferramentas e sistemas existentes para entender se eles suportam os objetivos estratégicos e operacionais.
5. **Engajamento de *stakeholders*.** Medir o nível de entendimento e engajamento das partes interessadas com a visão e os objetivos organizacionais.

Ferramentas para a avaliação inicial:

1. **Análise SWOT:** permite identificar forças, fraquezas, oportunidades e ameaças relacionadas à implementação do VMO.

2. **MMGP de Darci Prado:** avalia o grau de maturidade da organização em áreas como gestão de projetos, alinhamento estratégico e capacidade de entrega de valor.
3. **Mapas de *stakeholders*:** auxiliam a identificar e categorizar as partes interessadas, avaliando sua influência e seu interesse na implementação do VMO.
4. **Pesquisa sobre o "clima" organizacional:** pode revelar se a cultura da empresa é receptiva às mudanças necessárias para a implantação do VMO. Por exemplo, em um dos meus projetos, implementei um VMO em uma grande empresa de tecnologia, enfrentando desafios como resistência cultural e falta de clareza nos objetivos estratégicos. Ajustamos a comunicação e criamos um *roadmap* personalizado para engajar os *stakeholders*.

☛ **Na prática:** em uma organização de médio porte, a avaliação inicial revelou maturidade baixa em governança de projetos e processos, com equipes trabalhando de forma isolada e pouca clareza sobre os objetivos estratégicos. Com base nesse diagnóstico, foi criado um plano para priorizar o alinhamento estratégico e estabelecer padrões básicos de governança antes de avançar para a implementação do VMO.

Componentes da avaliação inicial

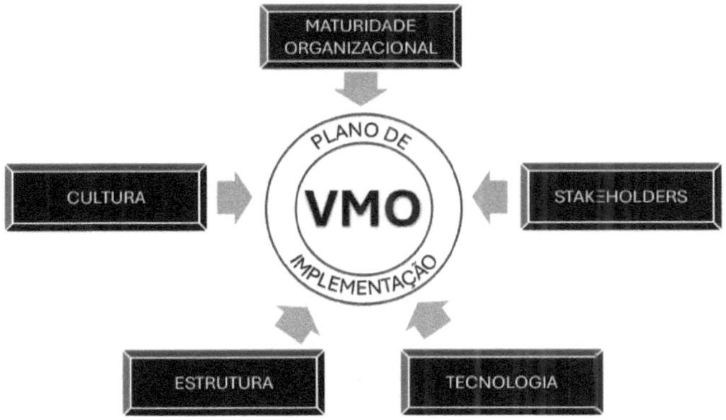

Maturidade organizacional em gestão de projetos

Uma etapa indispensável na implementação do VMO é compreender o nível de maturidade da organização em gestão de projetos. Esse diagnóstico fornece uma visão clara sobre as capacidades atuais e orienta as ações necessárias para alcançar os objetivos estratégicos.

Por que avaliar a maturidade?

1. **Identificar lacunas e oportunidades:** compreender a maturidade ajuda a detectar pontos fracos, áreas de desperdício e processos que podem ser otimizados.
2. **Estabelecer um caminho estruturado:** uma avaliação clara serve como base para criar estratégias e metas realistas, adaptadas ao estágio atual da organização.
3. **Reduzir resistências:** mudanças radicais podem gerar resistência. Entender o nível de maturidade permite implementar melhorias graduais e consistentes.

Ferramenta: o Modelo de Maturidade em Gestão de Projetos (MMGP), desenvolvido por Darci Prado, é uma metodologia prática e amplamente reconhecida para avaliar a maturidade organizacional. Ele é flexível, permitindo a aplicação tanto em nível organizacional quanto em departamentos específicos. O modelo utiliza 5 dimensões principais para avaliar o nível de maturidade em gestão de projetos:

1. **Competência técnica:** avalia o domínio de ferramentas, metodologias e boas práticas na condução de projetos.
2. **Alinhamento estratégico:** mede o grau de conexão entre os projetos e os objetivos estratégicos da organização.
3. **Gestão de pessoas:** analisa as habilidades e o engajamento das equipes envolvidas na execução de projetos.
4. **Processos:** verifica se os fluxos de trabalho estão bem definidos, documentados e padronizados.
5. **Tecnologia:** avalia o uso de ferramentas tecnológicas e sistemas que suportam a gestão de projetos.

O MMGP classifica as organizações em cinco níveis de maturidade:

- **Nível 1: Inicial** - Processos inexistentes ou muito rudimentares.
- **Nível 2: Conhecido** - Processos conhecidos, mas não formalizados.
- **Nível 3: Padronizado** - Processos formalizados e aplicados de maneira consistente.
- **Nível 4: Gerenciado** - Processos medidos e controlados com indicadores.

- **Nível 5: Otimizado** - Processos integrados e continuamente aprimorados.

A média brasileira de maturidade em gestão de projetos é de 2,94 (dados coletados em levantamentos recentes), indicando que muitas organizações ainda estão no estágio de padronização inicial.

Estrutura da avaliação

1. O MMGP utiliza cerca de 40 perguntas, distribuídas entre as cinco dimensões, para obter uma visão detalhada da maturidade organizacional.
2. A avaliação pode ser aplicada de forma abrangente em toda a organização ou concentrada em departamentos específicos.
3. Após a análise, os resultados são apresentados em gráficos radar, destacando áreas fortes e fracas.

☛ **Na prática:** uma empresa de tecnologia avaliou sua maturidade com o MMGP e descobriu que, enquanto possuía alta competência técnica (nível 4), apresentava lacunas significativas em alinhamento estratégico (nível 2). Com base nesses dados, a empresa priorizou iniciativas para conectar projetos aos objetivos estratégicos, resultando em um aumento de 20% na eficiência dos recursos alocados.

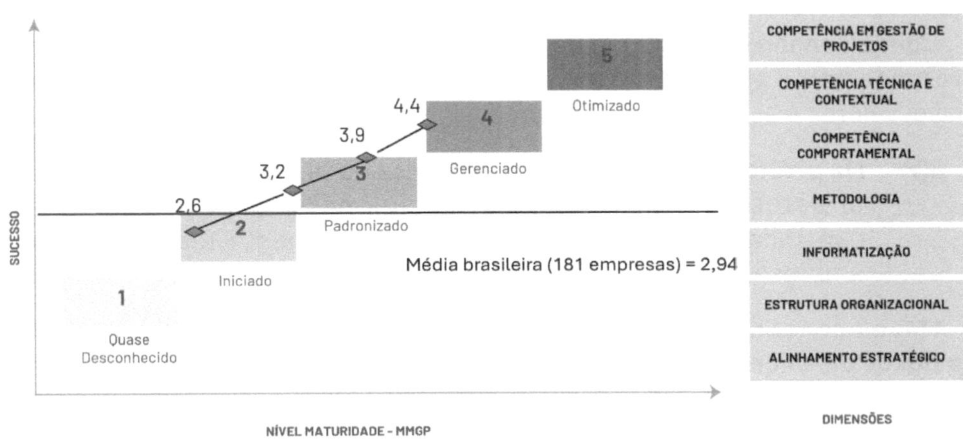

Evolução da maturidade da empresa em 4 anos

Alinhando o VMO à estratégia organizacional

O alinhamento do VMO à estratégia organizacional garante que o escritório de valor não apenas exista como uma entidade separada, mas funcione como um mecanismo central que conecta todas as ações e decisões aos objetivos estratégicos da empresa.

Por que alinhar o VMO à estratégia?

1. **Evitar desconexão:** um VMO sem alinhamento estratégico corre o risco de operar de forma isolada, focando em tarefas ou métricas que não agregam ao propósito maior da organização.
2. **Maximizar impacto:** quando o VMO está alinhado à estratégia, ele direciona os recursos para áreas prioritárias, maximizando o retorno sobre o investimento.
3. **Construir credibilidade:** um VMO bem alinhado fortalece sua posição como um agente de valor estratégico, facilitando a adesão de *stakeholders* internos e externos.

Como alinhar o VMO à estratégia?

Para alcançar um alinhamento eficaz, o processo deve incluir as seguintes etapas:

Compreensão da estratégia organizacional: o primeiro passo é **entender profundamente os objetivos estratégicos da organização.** Isso inclui missão, visão, valores e as metas de longo prazo.

Na prática: um VMO em uma empresa de energia renovável foca em projetos que promovam eficiência operacional e expansão de capacidade de geração sustentável, diretamente ligados à visão da empresa.

Mapeamento de fluxos de valor: o passo seguinte é **identificar e priorizar os fluxos de valor** que mais impactam os objetivos estratégicos.

Ferramenta prática: um *Value Stream Mapping* (VSM) pode ser usado para visualizar e priorizar os processos que entregam maior valor.

Definição de KPIs estratégicos: estabeleça **indicadores-chave de desempenho (KPIs)** para monitorar a contribuição do VMO aos objetivos organizacionais.

Na prática: usar um KPI como "aumento na eficiência de portfólio de projetos estratégicos em 20% ao longo de um ano".

Não se esqueça de assegurar **o engajamento dos *stakeholders***: garanta que todos os níveis da organização compreendam o papel do VMO e como ele contribui para a estratégia.

Estratégia prática: realize *workshops* regulares para alinhar expectativas e demonstrar os resultados do VMO.

***Feedback* contínuo e ajustes:** implemente um **sistema de *feedback* regular** para garantir que o VMO esteja continuamente adaptado às mudanças estratégicas da empresa.

Na prática: uma avaliação trimestral do impacto do VMO permite ajustes rápidos para manter o alinhamento.

Desafios comuns e como superá-los

- **Falta de clareza estratégica:** sem uma estratégia bem definida, o **VMO pode perder o foco**. A solução é investir em ferramentas como o *Balanced Scorecard* ou OKRs para estruturar a visão e os objetivos da organização.
- **Resistência organizacional:** a mudança de *mindset* para integrar o VMO pode gerar **resistência**. Estruturas de comunicação claras e demonstração de valor ajudam a superar essa barreira.

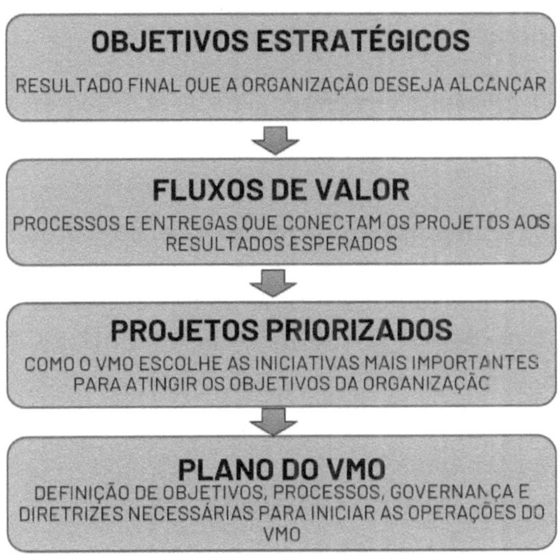

Como obter clareza dos objetivos estratégicos no nível tático

Uma das perguntas mais frequentes é: "estou no nível tático, sem acesso direto ao cliente ou à alta gestão. Como consigo clareza sobre os objetivos estratégicos da empresa?". Essa dúvida é legítima, especialmente em estruturas organizacionais onde a comunicação estratégica pode ser fragmentada.

A solução é simples: pergunte!!!

A primeira ação que você deve tomar é buscar ativamente a informação. Muitas vezes, a falta de clareza não é resultado de uma má gestão, mas de falhas na comunicação.

Pergunte ao seu chefe imediato: inicie a conversa com seu líder direto. Pergunte como o seu trabalho contribui para os objetivos estratégicos e solicite exemplos claros.

Escale se necessário: caso seu chefe não tenha a resposta, pergunte ao chefe dele. Continue subindo a hierarquia até encontrar alguém que possa explicar como o trabalho do seu departamento se conecta à estratégia maior.

E se ninguém souber?

Nessas situações, você pode usar uma abordagem prática para evitar paralisia:

Compartilhe sua intenção: antes de tomar uma decisão, explique o que pretende fazer. Detalhe sua lógica, conectando o máximo possível ao que você acredita ser a prioridade estratégica da organização.

Deixe o *feedback* ajustar a direção: caso sua abordagem esteja desalinhada, os responsáveis ou líderes mais próximos terão a oportunidade de corrigir rapidamente.

☛ **Na prática:** você propõe uma mudança em um processo com o objetivo de aumentar a eficiência. Se isso não estiver alinhado a alguma prioridade organizacional, como melhorar a experiência do cliente, é provável que alguém o informe rapidamente e o oriente para outro caminho.

O papel da iniciativa proativa

Mesmo sem acesso direto ao nível estratégico, a proatividade é sua aliada. Demonstrar interesse em compreender os objetivos estratégicos e ajustar suas ações ao propósito da organização destaca você como um profissional alinhado e comprometido.

Exemplo de comunicação proativa: "Eu entendo que nosso departamento tem como foco principal a redução de custos. Minha proposta para otimizar este processo busca alcançar esse objetivo. Há algo mais que deveríamos considerar para garantir alinhamento estratégico?"

A falta de clareza sobre os objetivos estratégicos pode ser um desafio, mas não é uma barreira intransponível. Perguntar, ouvir e ajustar são ações que colocam você no caminho certo. E, mesmo em um ambiente onde as respostas podem ser escassas, demonstrar iniciativa e foco estratégico faz de você um profissional diferenciado.

Justificando a implementação do VMO

A justificativa para a implementação de um *Value Management Office* (VMO) é essencial para garantir o comprometimento de todos os níveis da organização, desde a alta liderança até os *stakeholders* operacionais. Para isso, quatro abordagens estratégicas podem ser utilizadas.

1. *Business case*: o caminho estratégico

O *business case* para um VMO deve destacar como a gestão de valor garante que projetos e iniciativas estejam alinhados com a estratégia organizacional e também maximizem o valor entregue.

Como criar um *business case* eficaz:

1. Identifique as lacunas entre as iniciativas atuais e os objetivos estratégicos.
2. Destaque os benefícios tangíveis, como aumento do ROI, redução de desperdícios e priorização estratégica.
3. Use dados para sustentar os argumentos, como análises de projetos malsucedidos devido à falta de alinhamento.

☛ **Na prática:** uma empresa do setor de telecomunicações identificou que 30% de seus projetos não estavam entregando retorno financeiro esperado por falta de priorização. O *business case* demonstrou que o VMO poderia reverter esse cenário com uma economia de até R$ 2 milhões por ano, eliminando esforços redundantes e priorizando iniciativas de maior impacto.

2. *Benchmarking*: comparando com os melhores

Benchmarking envolve analisar organizações líderes para identificar as melhores práticas de gerenciamento de valor e justificar a implementação do VMO.

Como fazer *benchmarking*:

1. Escolha empresas de referência no mercado ou setor.
2. Analise como elas estruturaram seus VMOs, seus benefícios tangíveis e intangíveis.
3. Compare os resultados alcançados com o cenário atual da sua organização.

☛ **Na prática:** uma indústria farmacêutica realizou um *benchmarking* com uma empresa concorrente que já possuía um VMO implementado. Descobriu-se que, após a adoção do VMO, a concorrente reduziu o tempo de lançamento de novos produtos em 15%, o que resultou em maior participação no mercado. Com base nesses dados, a indústria justificou a implementação do VMO internamente.

3. Identificação de vulnerabilidades: mitigando riscos

Uma análise das vulnerabilidades existentes na empresa pode justificar a necessidade do VMO. O foco aqui é identificar áreas de risco que podem ser mitigadas com a gestão de valor.

Como detectar vulnerabilidades:

1. Identifique áreas de desperdício, desalinhamento estratégico ou com riscos operacionais.
2. Relacione esses problemas às soluções que o VMO pode oferecer, como governança mais eficaz e redução de riscos financeiros.

Na prática: uma organização do setor de saúde enfrentava projetos atrasados e orçamentos estourados. Ao analisar suas vulnerabilidades, identificaram que faltava um sistema de governança unificado. A proposta de VMO foi apresentada como solução para mitigar esses problemas, projetando uma economia de 10% no orçamento anual de projetos.

4. Custo e benefício com ROI: a justificativa financeira

Objetivo: demonstrar o retorno financeiro da implementação do VMO com base em uma análise custo-benefício detalhada.

Como funciona:

1. Identifique os custos diretos (recursos humanos, tecnologia e ferramentas necessárias para operar o VMO).
2. Quantifique os benefícios esperados (redução de custos operacionais, melhoria no desempenho dos projetos e maior alinhamento estratégico).
3. Calcule o ROI (Retorno sobre o Investimento) para demonstrar a relação entre os ganhos e o investimento.

ROI = (Lucro Líquido ou Benefício Líquido / Custo Total do Investimento) ×100

Na prática: uma empresa do setor de varejo investiu R$ 500 mil na implementação do VMO, mas economizou R$ 1,2 milhão em projetos ineficazes e duplicados no primeiro ano. O ROI calculado foi de 140%, justificando plenamente a implementação do escritório.

Essas quatro abordagens oferecem uma estrutura robusta para justificar a implementação do VMO. Cada uma pode ser usada de forma independente ou combinada, de acordo com as prioridades e o contexto organizacional.

Você está utilizando os dados corretos e o argumento mais forte para justificar a implementação de um VMO em sua organização?

Posicionando o VMO

A localização do VMO dentro de uma organização determina seu alcance. A seguir, são apresentados seis possíveis níveis de atuação de um VMO.

1. VMO estratégico

Está diretamente vinculado à alta liderança da organização, respondendo ao CEO ou à Diretoria Executiva. Seu objetivo principal é apoiar a estratégia corporativa, garantindo que todas as iniciativas (sejam projetos ou operações) estejam alinhadas aos objetivos de longo prazo.

Características:

- Atuação global, cobrindo todas as áreas e departamentos.
- Foco na entrega de valor estratégico para toda a organização.

☛ **Na prática:** uma multinacional utiliza o VMO para garantir que iniciativas de transformação digital estejam alinhadas aos objetivos de crescimento global.

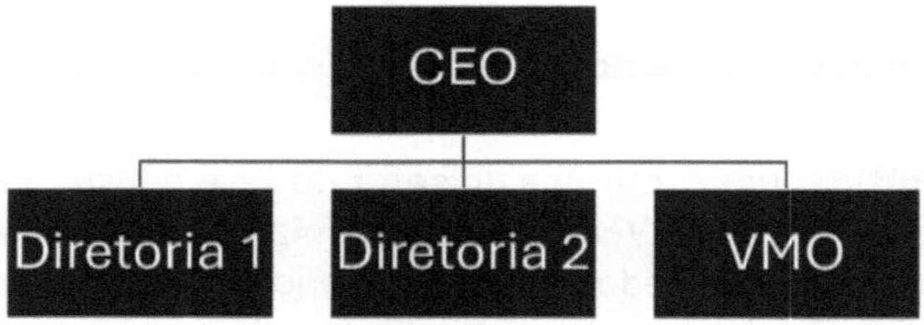

2. VMO tático

No nível tático, o VMO apoia a execução de estratégias definidas pela alta liderança, garantindo que sejam traduzidas em ações práticas no nível gerencial.

Características:

- Suporte direto às diretorias e gerências.
- Concentra-se em projetos e iniciativas específicas que gerem valor em áreas-chave.

Na prática: uma empresa do setor financeiro utiliza o VMO para coordenar projetos de *compliance*, garantindo a conformidade com regulamentações.

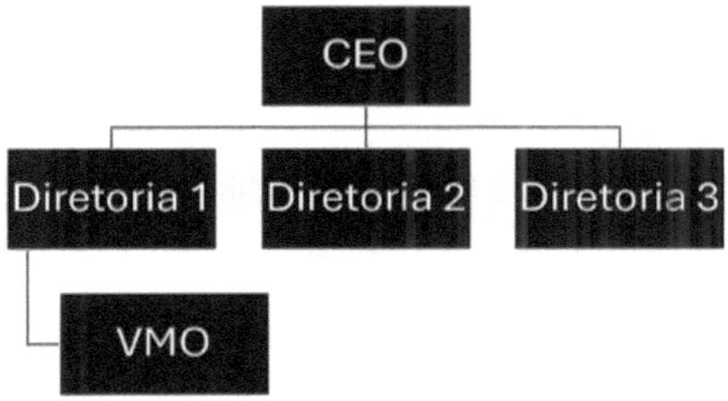

3. VMO tático *cross*

Este VMO integra iniciativas e promove a colaboração entre diferentes diretorias ou áreas da organização. Esse nível busca garantir que o valor seja gerado de maneira coordenada e que processos interdepartamentais estejam alinhados, superando silos organizacionais e otimizando esforços conjuntos.

Características:

- Atua como um conector estratégico entre áreas que frequentemente operam de maneira isolada, facilitando a comunicação e a integração.
- Tem foco em projetos que exigem coordenação entre múltiplos departamentos, como iniciativas que impactam diversas funções.
- Garante que os fluxos de valor sejam claros e eficientes, conectando processos que atravessam mais de uma área funcional.

Pontos de atenção: é possível que o VMO tático *cross* esteja vinculado a uma diretoria específica, como a Diretoria 1, com permissão para visualizar e acompanhar projetos de todas as demais diretorias. No entanto, sua efetividade pode ser limitada caso precise estimular a entrega de valor através de processos pertencentes a outras diretorias, uma vez que a autoridade para promover mudanças ou engajamento pode estar centralizada apenas na diretoria original.

Na prática 1: uma empresa de logística utiliza o VMO para alinhar os departamentos de transporte, tecnologia e operações em um projeto de automação da cadeia de suprimentos. O VMO garante que:

- o departamento de transporte implemente sensores IoT em veículos;
- a área de tecnologia desenvolva a infraestrutura para coletar e analisar os dados em tempo real;
- a operação integre esses dados em fluxos de trabalho automatizados, reduzindo atrasos e melhorando a eficiência.

Na prática 2: em uma empresa de serviços financeiros, o VMO tático *cross* alinha os departamentos de marketing, vendas e TI para implementar um novo sistema de CRM (*Customer Relationship Management*). Nesse caso, o VMO coordena:

- o levantamento de requisitos pelo marketing;
- a configuração técnica realizada por TI;
- a capacitação da equipe de vendas para maximizar o uso do sistema.

O VMO tático *cross* é ideal para fazer avançar, de forma coordenada, iniciativas que dependem de múltiplas áreas.

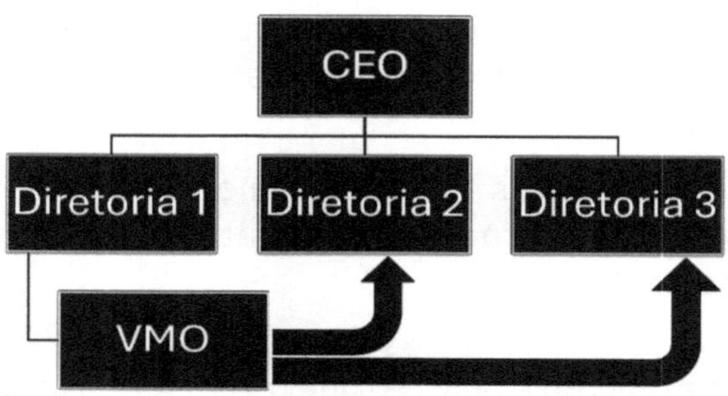

4. VMO operacional

É responsável por apoiar diretamente a execução de projetos e processos no nível funcional, muitas vezes em uma única área ou departamento, como TI.

Características:

- Foco nas necessidades operacionais de uma área específica.
- Suporte prático para garantir eficiência e entrega de valor no dia a dia.

☛ **Na prática:** um VMO dentro de TI ajuda a priorizar iniciativas de infraestrutura e cibersegurança, alinhando-as às demandas organizacionais.

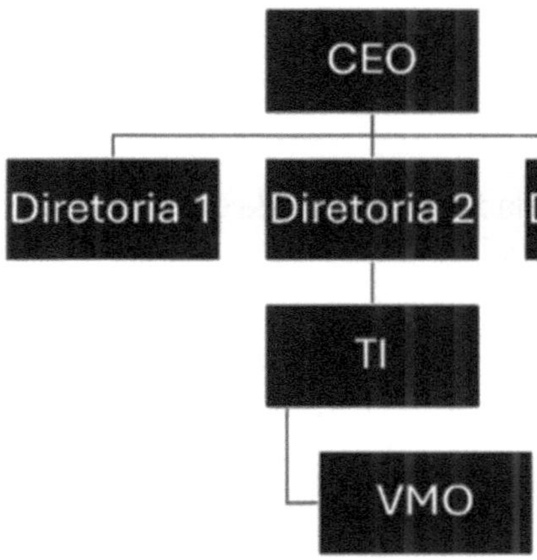

5. VMO de *holding* estratégica

Este VMO atua como um gestor centralizado para todo o grupo corporativo, conectando subsidiárias e alinhando iniciativas aos objetivos da *holding*.

Características:

- Abrangência total sobre as empresas do grupo.
- Suporte estratégico que conecta objetivos globais às operações locais.

☛ **Na prática:** um grupo empresarial utiliza o VMO para coordenar iniciativas de sustentabilidade entre suas subsidiárias de diferentes setores.

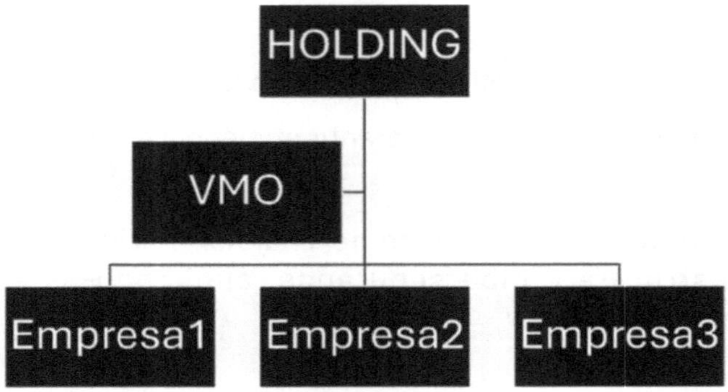

6. VMO de subsidiária

Este VMO opera em uma unidade específica da empresa, adaptando iniciativas globais às necessidades regionais ou locais.

Características:

- Foco em necessidades táticas e operacionais específicas da subsidiária.
- Autonomia para adaptar projetos e iniciativas ao mercado local.

☛ **Na prática:** uma subsidiária na América Latina utiliza o VMO para ajustar os produtos e serviços da matriz às regulamentações e preferências locais.

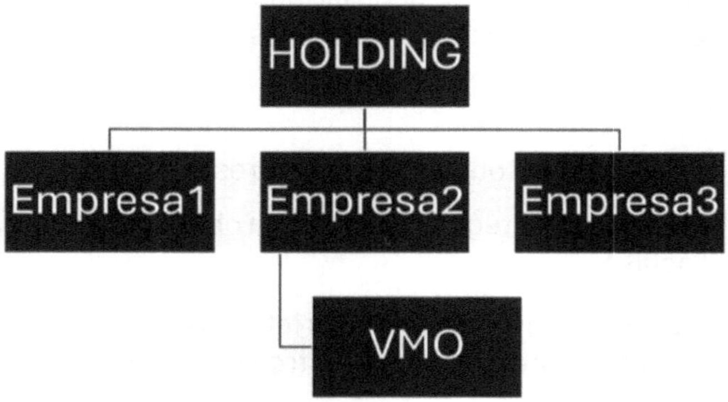

Cada nível tem seu propósito, e a escolha do posicionamento depende das necessidades e da estrutura organizacional.

Reflexão: sua organização está utilizando o nível de VMO mais adequado às suas necessidades estratégicas e operacionais?

Definindo as funções do VMO

Com base no estudo de Monique Aubry e Brian Hobbs (2010), que identificou 27 funções do PMO, adaptamos essas responsabilidades ao contexto mais amplo do VMO (*Value Management Office*). O VMO, diferentemente do PMO, foca na entrega contínua de valor, conectando estratégia, governança, cultura e resultados. Algumas funções podem não se aplicar diretamente ao VMO, mas foram ajustadas para refletir seu propósito estratégico.

1. **Informar o status dos projetos para a alta gerência.** Adaptação para o VMO: informar não apenas o status de projetos, mas o impacto das iniciativas estratégicas em relação aos fluxos de valor.
2. **Desenvolver e implementar a metodologia padrão de gerenciamento de projetos.** Adaptação para o VMO: desenvolver metodologias que integrem governança de valor e *frameworks* estratégicos que vão além do gerenciamento de projetos.
3. **Monitorar e controlar o desempenho dos projetos.** Adaptação para o VMO: monitorar não apenas o desempenho de projetos, mas também *outcomes* e benefícios gerados em fluxos de valor.
4. **Desenvolver as competências dos profissionais.** Adaptação para o VMO: promover o desenvolvimento de competências em alinhamento estratégico, governança de valor e mentalidade de entrega contínua.
5. **Implementar e operar sistemas de informação dos projetos.** Adaptação para o VMO: criar sistemas de informações que conectem dados estratégicos, operacionais e de valor organizacional.
6. **Prover aconselhamento à alta gerência.** Adaptação para o VMO: atuar como consultor estratégico, fornecendo *insights* sobre decisões que maximizam a entrega de valor.
7. **Coordenar e integrar projetos de um portfólio.** Adaptação para o VMO: integrar e alinhar iniciativas a um nível estratégico, assegurando a conexão com os objetivos organizacionais.

8. **Desenvolver e manter um quadro estratégico de projetos.** Adaptação para o VMO: criar *dashboards* que mostrem resultados em tempo real e a conexão com os fluxos de valor.
9. **Promover o gerenciamento de projetos dentro da organização.** Adaptação para o VMO: promover a gestão de valor como um todo, abrangendo projetos, processos e operações.
10. **Monitorar e controlar o desempenho do próprio PMO.** Adaptação para o VMO: avaliar continuamente a efetividade do VMO em gerar valor sustentável e estratégico.
11. **Participar do planejamento estratégico da organização.** Adaptação para o VMO: ser parte essencial na formulação da estratégia organizacional, conectando-a às operações.
12. **Prover *mentoring* para os gerentes de projetos.** Adaptação para o VMO: ampliar o *mentoring* para líderes e equipes, promovendo práticas alinhadas à estratégia.
13. **Gerenciar um ou mais portfólios.** Adaptação para o VMO: gerenciar portfólios estratégicos com foco em *outcomes* e resultados sustentáveis.
14. **Identificar, selecionar e priorizar novos projetos.** Adaptação para o VMO: priorizar iniciativas estratégicas com base em critérios de impacto e retorno de valor.
15. **Gerenciar arquivos/acervos de documentação de projetos.** Adaptação para o VMO: criar repositórios que conectem lições aprendidas e conhecimento organizacional.
16. **Gerenciar um ou mais programas.** Adaptação para o VMO: expandir a gestão de programas para incluir fluxos de valor e iniciativas de transformação organizacional.
17. **Conduzir auditorias nos projetos.** Adaptação para o VMO: realizar auditorias no fluxo de valor para garantir que iniciativas estão alinhadas à estratégia e gerando resultados.
18. **Gerenciar interfaces com clientes.** Adaptação para o VMO: alinhar expectativas e entregas com *stakeholders* internos e externos.
19. **Prover um conjunto de ferramentas sem o esforço de padronização.** Adaptação para o VMO: fornecer ferramentas para experimentação e inovação sem engessar processos.

20. **Executar tarefas especializadas para os gerentes de projetos.** Adaptação para o VMO: apoiar times e áreas em iniciativas que requerem expertise em governança de valor.
21. **Alocar recursos para os projetos.** Adaptação para o VMO: gerenciar a alocação de recursos de forma estratégica, maximizando o retorno em fluxos de valor.
22. **Conduzir revisões pós-implementação dos projetos.** Adaptação para o VMO: realizar revisões contínuas para ajustar fluxos de valor e aprender com os resultados obtidos.
23. **Implementar e gerenciar uma base de lições aprendidas.** Adaptação para o VMO: centralizar e compartilhar aprendizados que aumentem a eficiência e o impacto na estratégia.
24. **Implementar e gerenciar uma base de riscos.** Adaptação para o VMO: monitorar e mitigar riscos relacionados a valor, tanto estratégicos quanto operacionais.
25. **Gerenciar os benefícios obtidos nos projetos.** Adaptação para o VMO: expandir a gestão de benefícios para incluir toda a organização, não apenas projetos.
26. ***Networking* e mapeamento do ambiente organizacional.** Adaptação para o VMO: promover uma visão sistêmica e integrada da organização, conectando áreas e fluxos.
27. **Recrutar, selecionar, avaliar e determinar salários para gerentes de projeto.** Adaptação para o VMO: apoiar a organização na definição de perfis para lideranças em iniciativas de valor.

Ao adaptar as 27 funções do PMO, o VMO expande o foco da gestão de projetos para a gestão de valor, tornando-se um elemento central na entrega de resultados estratégicos.

Implantando o VMO como um projeto estratégico

Implantar um *Value Management Office* (VMO) é um projeto estratégico de alto impacto para a organização. Quando tratado como um projeto estratégico, a implantação de um VMO recebe o foco, os recursos e a governança necessários para garantir seu sucesso.

Por que tratar como um projeto estratégico?

Relevância organizacional: o VMO não é uma iniciativa isolada, mas sim um elemento que impacta toda a organização. Ele influencia decisões estratégicas, portfólios de projetos, fluxos de valor e a cultura organizacional.

☛ **Na prática:** um VMO bem-implantado pode alinhar departamentos historicamente desconectados, como TI, marketing e operações, para garantir que todos contribuam para os mesmos objetivos estratégicos.

Complexidade e abrangência: implantar um VMO exige a coordenação de múltiplas áreas, desde a alta liderança até as equipes operacionais. Envolve processos, tecnologia, pessoas e governança, o que demanda um planejamento meticuloso e execução rigorosa.

☛ **Na prática:** implementar um sistema de indicadores para monitorar fluxos de valor requer colaboração entre TI, finanças e recursos humanos.

Gestão de mudanças: a criação de um VMO representa uma mudança significativa na forma como a organização opera. Por isso, é essencial engajar *stakeholders*, comunicar claramente os benefícios e preparar as equipes para novos processos e comportamentos.

☛ **Na prática:** um plano de gestão de mudanças pode incluir *workshops* para líderes e sessões de treinamento para equipes.

Elementos fundamentais:

Patrocínio executivo: um projeto estratégico precisa do **apoio ativo da alta liderança**. O patrocinador executivo, geralmente um diretor ou o CEO, é responsável por defender o VMO, garantir a alocação de recursos e remover barreiras organizacionais.

☛ **Na prática:** o CEO apresenta a proposta do VMO em uma reunião de alinhamento estratégico, destacando como ele será uma peça central para alcançar as metas de longo prazo.

Planejamento detalhado: assim como qualquer projeto estratégico, a implantação do VMO requer um **plano bem estruturado**.

☛ **Na prática:** em um dos meus projetos, implementei um VMO em uma grande empresa de tecnologia, enfrentando desafios como resistência cultural e falta de clareza nos objetivos estratégicos. Ajustamos a comunicação e criamos um *roadmap* personalizado para engajar os *stakeholders*.

Esse plano deve incluir:

- **Objetivos claros:** o que o VMO deve alcançar nos próximos 6 meses, 1 ano e 3 anos.
- **Cronograma:** dividido em fases, como diagnóstico inicial, definição de processos, implantação e operação inicial.
- **Recursos necessários:** definir orçamento, alocação de equipes e ferramentas.
- **Gestão de riscos:** identificar possíveis resistências e obstáculos, como a falta de engajamento de determinadas áreas.
- **Definição de indicadores de sucesso:** é essencial estabelecer como o sucesso da implantação será medido. Esses **indicadores devem ser específicos, mensuráveis e alinhados aos objetivos organizacionais**.

☛ **Na prática:** um aumento de 20% no alinhamento estratégico dos projetos em 12 meses pode ser um KPI relevante.

Metodologia de gerenciamento de projetos: escolher uma abordagem apropriada, seja tradicional (cascata), ágil ou híbrida, com base nas características da organização.

☛ **Na prática:** Em uma organização que já utiliza *Scrum* ou *Kanban*, pode ser interessante adotar uma abordagem ágil para implantar o VMO.

Benefícios de tratar a implantação do VMO como um projeto estratégico:

- **Clareza e foco:** quando tratado como um projeto, o VMO recebe um escopo claro e objetivos definidos, reduzindo ambiguidades e aumentando a eficácia da implantação.
- **Engajamento dos *stakeholders*:** projetos estratégicos naturalmente engajam os principais *stakeholders*, garantindo que todas as áreas envolvidas compreendam sua importância e contribuam para o sucesso.
- **Resultados mensuráveis:** a abordagem estratégica permite medir o impacto do VMO desde sua fase inicial, demonstrando valor rapidamente e justificando o investimento.

- **Adaptação e escalabilidade:** o planejamento como projeto permite que o VMO comece pequeno e cresça conforme os resultados sejam entregues e as necessidades organizacionais evoluam.

Tratar a implantação do VMO como um projeto estratégico aumenta suas chances de sucesso e o posiciona como uma iniciativa de valor reconhecida. A pergunta essencial a ser feita é: sua organização está pronta para priorizar a implantação do VMO como um pilar estratégico?

Passo a passo da implementação

1. Realize uma avaliação inicial

Entenda o cenário atual da organização e identifique lacunas, ineficiências e oportunidades de melhoria.

Ação: conduza diagnósticos usando ferramentas como o MMGP para avaliar a maturidade em gestão de projetos e a prontidão para um VMO.

Na prática: se uma área de TI apresenta alta dependência de fornecedores externos, avalie como o VMO pode otimizar custos e qualidade.

2. Defina o escopo e o posicionamento do VMO

Estabeleça o papel do VMO na organização e sua relação com outras áreas.

Ação: escolha entre um VMO estratégico, tático ou operacional, considerando as necessidades e os objetivos organizacionais.

Na prática: um VMO estratégico pode apoiar diretamente o CEO em decisões de portfólio, enquanto um VMO tático pode atuar no suporte a gerentes de projetos.

3. Justifique o VMO para a organização

Obtenha o apoio da alta liderança e engaje *stakeholders*.

Ação: utilize uma ou mais abordagens de justificativa, como *business case*, *benchmarking*, análise de vulnerabilidades ou cálculo de custo-benefício com ROI.

Na prática: apresente como o VMO pode reduzir em 25% os atrasos de projetos estratégicos por meio de governança eficaz.

4. Defina funções e processos do VMO

Estabeleça as funções centrais do VMO, adaptando-as às necessidades da organização.

Ação: com base nas 27 funções identificadas por Monique Aubry e Brian Hobbs, selecione as mais relevantes para o seu contexto.

Na prática: implementar uma base de lições aprendidas e um sistema de gestão de riscos para garantir melhoria contínua.

5. Crie uma estrutura organizacional e recrute a equipe

Monte um time capacitado e defina a estrutura do VMO dentro da organização.

Ação: alinhe os papéis e as responsabilidades da equipe, levando em conta a diversidade e as competências técnicas e comportamentais.

Na prática: selecione especialistas em análise de portfólio e líderes com forte inteligência emocional para garantir engajamento.

6. Elabore um plano

Estabeleça etapas claras para a implantação.

Ação: crie um cronograma detalhado com marcos e métricas de sucesso.

Na prática: estabeleça um plano de 6 meses para a implementação inicial, com fases de diagnóstico, configuração, testes e operação.

7. Implemente de forma iterativa e incremente gradualmente

Garanta uma implantação sustentável e adaptável.

Ação: comece com um piloto em uma área estratégica antes de expandir para toda a organização.

Na prática: implante o VMO em TI para testar ferramentas e processos antes de escalá-lo para outras áreas.

8. Estabeleça indicadores de sucesso e monitore o desempenho

Meça o impacto do VMO para ajustar as estratégias conforme necessário.

Ação: use KPIs específicos, como ROI e tempo de ciclo de projetos, para avaliar o desempenho.

Na prática: aumento de 30% no alinhamento de projetos com a estratégia organizacional em 1 ano.

A implantação de um VMO é uma jornada estratégica. Ela requer clareza nos objetivos, engajamento organizacional e compromisso com a entrega de valor contínuo. Quando bem estruturado, o VMO transforma a maneira como a organização opera.

Sua organização está pronta para tratar o VMO como o catalisador de valor que ele pode ser?

Conexão com o próximo passo: tecnologia sustentável. *Após estruturar e implantar o VMO, o próximo passo é garantir que ele esteja apoiado por tecnologias adequadas. No passo 6, tecnologia sustentável, exploraremos como escolher e implementar ferramentas que sustentem os fluxos de valor, aumentem a eficiência e promovam a inovação contínua.*

10. Passo 6 – Tecnologia sustentável

A transformação digital e a integração de tecnologias modernas não são mais diferenciais, mas uma base para a sobrevivência e o crescimento organizacional. Contudo, para que a tecnologia entregue valor real, ela deve ser utilizada de forma estratégica, ética e eficiente. Isso significa garantir que essas ferramentas estejam alinhadas aos objetivos organizacionais e contribuam para a entrega de valor sustentável.

O conceito de **tecnologia sustentável** não se limita à escolha das melhores soluções tecnológicas. Ele abrange a otimização de recursos, a integração entre sistemas e a criação de estruturas confiáveis, como a origem única de dados (*single source of truth*), que assegurem que todas as decisões sejam baseadas em informações consistentes e compartilhadas por toda a organização.

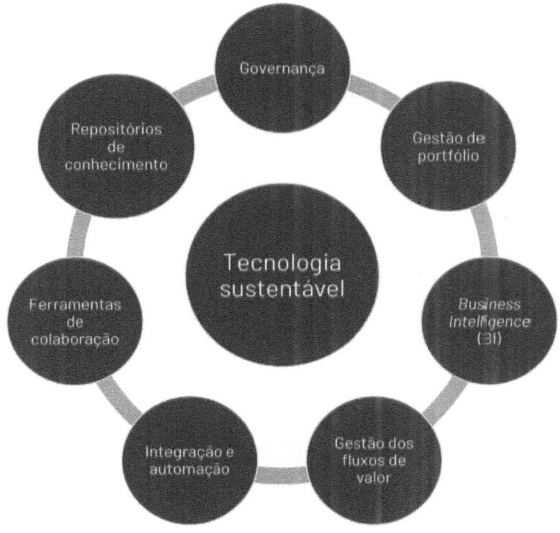

A tecnologia que você utiliza está verdadeiramente ajudando a sua organização a alcançar seus objetivos estratégicos e a entregar valor sustentável aos seus *stakeholders*?

O papel da tecnologia sustentável no VMO

Para o VMO, a tecnologia conecta pessoas, processos e informações, garantindo que a entrega de valor seja consistente, eficiente e escalável.

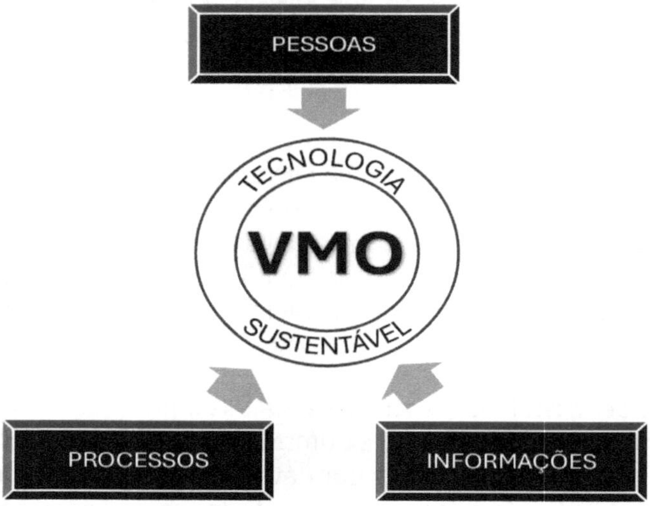

1. Alinhamento com a estratégia

Tecnologia sustentável é aquela que não apenas atende às demandas imediatas, mas que também se alinha aos objetivos estratégicos de longo prazo.

Na prática: uma organização decide implementar uma ferramenta de gestão de portfólio para visualizar em tempo real a contribuição de cada iniciativa para os objetivos estratégicos definidos no passo 1 (alinhamento estratégico).

2. Foco na sustentabilidade

Sustentabilidade não se refere apenas ao impacto ambiental, mas também à longevidade e ao valor gerado pela tecnologia ao longo do tempo.

Na prática: escolher uma plataforma que permita integrações futuras e evite a obsolescência tecnológica, reduzindo custos de migração e manutenção.

3. Criação de uma origem única de dados

Uma origem única de dados (*single source of truth*) garante que todas as áreas da organização tomem decisões baseadas nas mesmas informações, evitando duplicidades e inconsistências.

Benefícios:

- Redução de retrabalho causado por dados conflitantes.
- Maior transparência nas decisões estratégicas.
- Melhoria no engajamento das equipes, que passam a confiar nos dados compartilhados.

Na prática: uma empresa que centraliza informações financeiras, operacionais e de desempenho em um único sistema, permitindo análises completas e confiáveis.

4. Automação e eficiência operacional

A tecnologia sustentável também promove a automação de processos repetitivos, liberando os membros do VMO para atividades estratégicas.

Na prática: um sistema automatizado de geração de relatórios elimina a necessidade de compilar manualmente dados de diferentes fontes.

5. Conectividade e colaboração

Ferramentas tecnológicas devem facilitar a comunicação e a colaboração entre os times de valor, eliminando barreiras físicas e geográficas.

Na prática: usar plataformas de trabalho colaborativo, como Microsoft Teams ou Slack, para alinhar equipes multidisciplinares em tempo real.

A tecnologia que você utiliza hoje facilita ou dificulta a transparência, a eficiência e a colaboração dentro da sua organização?

Critérios para escolher tecnologias sustentáveis

Selecionar a tecnologia certa para o VMO exige uma abordagem estratégica. Mais do que buscar ferramentas inovadoras, o objetivo é encontrar soluções que suportem a entrega contínua de valor, se alinhem à estratégia organizacional e garantam um uso eficiente dos recursos disponíveis.

1. Escalabilidade. A tecnologia deve ser capaz de crescer junto com a organização, suportando um aumento no volume de dados, usuários e processos sem comprometer o desempenho.

☛ **Na prática:** escolher uma ferramenta de gestão de portfólio que permita a adição de novos projetos e fluxos de trabalho à medida que a empresa expande suas operações.

2. Integração. A solução tecnológica deve ser compatível com os sistemas existentes, reduzindo a necessidade de múltiplas ferramentas isoladas.

☛ **Na prática:** ter um ERP que se integre aos sistemas de gestão de projetos e permita que dados financeiros e de desempenho sejam acessados de forma unificada.

3. Usabilidade. A tecnologia deve ser intuitiva e acessível, para que todos os membros da organização consigam utilizá-la com eficácia.

☛ **Na prática:** adotar um software de gerenciamento de tarefas com uma interface simples e treinamentos rápidos minimiza a curva de aprendizado para equipes diversas.

4. Custo-benefício. Avaliar o retorno sobre o investimento (ROI) da tecnologia, considerando tanto os custos iniciais quanto os benefícios gerados a longo prazo.

☛ **Na prática:** optar por um sistema em nuvem, por exemplo, apesar dos custos iniciais mais altos, reduz despesas com infraestrutura e manutenção.

5. Cuidado com o meio ambiente. Escolher soluções que promovam eficiência energética e minimizem o impacto ambiental.

☛ **Na prática:** migrar para servidores em nuvem alimentados por fontes de energia renovável reduz a pegada de carbono da organização.

6. Segurança e conformidade. Garantir que a tecnologia escolhida atenda aos padrões de segurança e às regulamentações aplicáveis ao setor.

Na prática: uma solução de gestão de dados que esteja em conformidade com a LGPD protege informações sensíveis e assegura a privacidade dos *stakeholders*.

As tecnologias que você utiliza atualmente atendem a esses critérios? Quais ajustes podem ser feitos para garantir que suas ferramentas sejam sustentáveis e alinhadas aos objetivos do VMO?

O que é a fonte única de dados?

No contexto do VMO, uma das práticas mais importantes para a eficiência e a sustentabilidade tecnológica é estabelecer uma fonte única de dados. Isso garante que todas as áreas da organização utilizem as mesmas informações, eliminando redundâncias, inconsistências e a necessidade de retrabalho.

Trata-se de um sistema centralizado que armazena e organiza todas as informações relevantes para a tomada de decisão, servindo como a "verdade única" da organização.

Em vez de cada área ou projeto criar e manter seus próprios dados isolados, a fonte única de dados permite que todos tenham acesso às mesmas informações confiáveis.

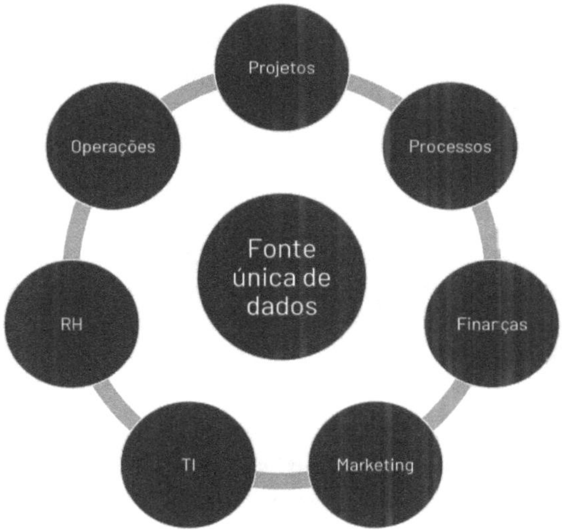

Benefícios da fonte única de dados

- **Eliminação de silos de informação.** Ao centralizar os dados, evita-se que diferentes departamentos operem com informações conflitantes.

☛ **Na prática:** um departamento de vendas e outro de operações podem acessar as mesmas previsões de demanda para alinhar suas estratégias.

- **Decisões mais rápidas e informadas.** Informações consolidadas permitem decisões mais ágeis.

☛ **Na prática:** uma equipe pode consultar instantaneamente o status financeiro de uma iniciativa sem precisar de validações adicionais.

- **Aumento da confiabilidade.** Com um único ponto de verdade, os dados tornam-se mais confiáveis e menos sujeitos a erros.

☛ **Na prática:** um relatório gerado a partir de uma fonte única é automaticamente validado por todas as áreas.

- **Eficiência operacional.** Diminui a redundância de dados e há menos esforço necessário para sua manutenção.

☛ **Na prática:** em vez de múltiplas planilhas para diferentes departamentos, um sistema centralizado automatiza atualizações e integrações.

Implementando a fonte única de dados

1. Mapeamento de processos e necessidades: identifique quais dados são críticos para os processos e as decisões organizacionais.

☛ **Na prática:** no VMO, informações sobre KPIs, status de projetos e alinhamento estratégico são cruciais.

2. Escolha de uma plataforma centralizada: adote sistemas como ERPs ou plataformas de BI que possam centralizar e organizar dados de diferentes áreas.

☛ **Na prática:** ferramentas como Power BI, Tableau ou Google Data Studio podem ser utilizadas para consolidação de informações.

3. Estabeleça governança de dados: defina regras claras sobre coleta, armazenamento, acesso e atualização dos dados.

Na prática: um comitê de governança de dados pode supervisionar a qualidade e o uso das informações.

4. Treinamento e cultura de dados: certifique-se de que todos os colaboradores entendam a importância e saibam utilizar a fonte única de dados.

Na prática: faça *workshops* periódicos para apresentar a plataforma e reforçar boas práticas.

Desafios:

- **Resistência cultural:** algumas áreas podem hesitar em abandonar sistemas ou processos que utilizam há anos.
- **Custo inicial:** implementar uma plataforma centralizada pode exigir investimentos significativos.
- **Integração de sistemas legados:** dados em sistemas antigos podem ser difíceis de migrar para a nova plataforma.

Estabelecer uma fonte única de dados não é apenas uma decisão tecnológica, mas também estratégica. Ela cria uma base sólida para que o VMO e a organização operem de forma alinhada, eficiente e orientada ao valor.

Sua organização está utilizando uma fonte única de dados? Se não, quais seriam os primeiros passos para implementar essa prática?

Ferramentas tecnológicas sustentáveis: escolhas estratégicas para o VMO

Escolher as ferramentas tecnológicas certas é crucial para a sustentabilidade do VMO. Ferramentas mal selecionadas podem gerar custos excessivos, ineficiência operacional e baixa aderência dos usuários. Priorize soluções que se alinhem com a estratégia organizacional e promovam integração, simplicidade e escalabilidade.

Características das tecnologias sustentáveis

Integração nativa: ferramentas que se conectam facilmente a outros sistemas existentes eliminam a necessidade de customizações.

☛ **Na prática:** um software de gerenciamento de projetos que se integra diretamente ao sistema financeiro da empresa.

Escalabilidade: soluções tecnológicas devem crescer junto com a organização, suportando um aumento no volume de dados, usuários e operações.

☛ **Na prática:** uma plataforma de BI que possa lidar com a expansão de fluxos de dados à medida que novos projetos são adicionados.

Custo-benefício: investimentos devem ser justificados pela relação entre os custos totais (licenciamento, implementação, treinamento) e os benefícios obtidos (eficiência, redução de erros, melhoria na tomada de decisão).

☛ **Na prática:** uma assinatura de software que elimina a necessidade de múltiplas ferramentas redundantes.

Facilidade de uso: ferramentas intuitivas aumentam a adesão dos colaboradores, reduzindo o esforço de treinamento.

☛ **Na prática:** softwares com interfaces visuais claras, que permitem que equipes de diferentes níveis de habilidade técnica utilizem a ferramenta com facilidade.

Critérios de seleção

Para escolher as ferramentas adequadas, o VMO deve considerar as seguintes questões:

Objetivos estratégicos: a ferramenta atende diretamente às necessidades estratégicas do VMO?

☛ **Na prática:** um software de portfólio que facilita o acompanhamento de indicadores de valor alinhados ao planejamento estratégico.

Flexibilidade e adaptação: a solução pode ser personalizada sem perder eficiência?

☛ **Na prática:** ferramentas que permitem configurar fluxos de trabalho específicos sem a necessidade de desenvolvimento adicional.

Capacidade de relatórios e métricas: a ferramenta gera relatórios robustos e *insights* acionáveis?

☛ **Na prática:** *dashboards* que apresentam informações em tempo real, permitindo ajustes rápidos.

Custo Total de Propriedade (TCO): inclua licenças, manutenção, atualizações e treinamento no cálculo do custo total.

☛ **Na prática:** compare diferentes fornecedores para identificar qual solução oferece o melhor retorno sobre o investimento.

Estratégias para implantação

- **Teste e validação:** antes de adotar uma nova ferramenta, realize testes em pequenos grupos para validar sua eficácia. Implante um piloto em uma equipe e avalie o impacto.
- **Treinamento contínuo:** capacite as equipes com *workshops* regulares e materiais de apoio para extrair o máximo potencial das ferramentas.
- **Acompanhamento pós-implementação:** monitore o uso da ferramenta e colete *feedback* para ajustes com pesquisas de satisfação e análises de dados de uso.

Alguns desafios na escolha de ferramentas:

- **Resistência à mudança:** nem todos os colaboradores estão abertos a novas tecnologias.
- **Excesso de opções:** muitas ferramentas disponíveis podem dificultar a escolha.
- **Integração de sistemas legados:** sistemas antigos podem não ser compatíveis com novas soluções.

Ao adotar soluções que promovem integração, eficiência e alinhamento estratégico, o VMO fortalece sua capacidade de impactar positivamente os fluxos de valor.

As ferramentas atuais do seu VMO são sustentáveis? Elas promovem integração, eficiência e alinhamento estratégico?

Riscos no uso de tecnologias no VMO

Apesar dos benefícios significativos que as tecnologias sustentáveis podem trazer, a implementação e o uso inadequados dessas ferramentas podem prejudicar a operação do VMO. Reconhecer e abordar esses riscos é essencial para maximizar os resultados e garantir que as tecnologias cumpram seu propósito.

1. Dependência excessiva de ferramentas

⚠ **Risco:** quando uma organização se torna excessivamente dependente de uma ferramenta específica, pode enfrentar dificuldades caso essa solução fique obsoleta ou indisponível.

☛ **Na prática:** uma empresa que utiliza uma única ferramenta de gestão de portfólio pode ser prejudicada se o fornecedor descontinuar o suporte.

2. Desalinhamento estratégico

⚠ **Risco:** implementar ferramentas que não estejam alinhadas às metas estratégicas do VMO pode resultar em desperdício de recursos.

☛ **Na prática:** adotar uma solução focada em tarefas operacionais sem priorizar a governança de valor.

3. Subutilização das ferramentas

⚠ **Risco:** investir em tecnologias robustas, mas utilizá-las apenas para funções básicas.

☛ **Na prática:** usar uma ferramenta de análise de dados apenas para relatórios simples, sem explorar *insights* avançados.

4. Resistência à mudança

⚠ **Risco:** colaboradores podem resistir à adoção de novas ferramentas, reduzindo a eficácia da implementação.

☛ **Na prática:** membros de uma equipe continuam usando métodos manuais em vez de adotar a solução digital implementada.

5. Falta de integração com sistemas existentes

⚠ **Risco:** ferramentas que não se integram aos sistemas atuais podem criar silos de dados e processos redundantes.

☛ **Na prática:** um software de CRM que não se conecta ao sistema de gestão de projetos gera duplicidade de informações.

Estratégias para mitigar riscos

1. **Planejamento estratégico de implementação:** antes de adotar qualquer ferramenta, um comitê pode avaliar como ela se encaixa na estratégia geral do VMO.

☛ **Na prática:** um comitê avalia o alinhamento da ferramenta com os objetivos de valor e eficiência.

2. **Treinamento e capacitação:** ofereça treinamento adequado (*workshops* etc.) para garantir que os usuários saibam utilizar todas as funcionalidades da ferramenta.

☛ **Na prática:** *workshops* regulares para explorar funcionalidades avançadas.

3. **Análise custo-benefício:** realize análises periódicas, como cálculo do ROI após seis meses de uso, para garantir que os benefícios superem os custos associados à ferramenta.

☛ **Na prática:** calcular o ROI da ferramenta após seis meses de uso.

4. **Promova a adaptação gradual:** introduza novas ferramentas de forma incremental para evitar sobrecarregar as equipes.

☛ **Na prática:** implante funcionalidades específicas aos poucos antes de expandir o uso.

5. **Monitoramento contínuo:** avalie regularmente o desempenho das ferramentas e sua contribuição para os objetivos do VMO.

☛ **Na prática:** faça relatórios trimestrais que medem a eficiência, o engajamento e o impacto.

Os desafios e riscos associados às tecnologias no VMO podem ser gerenciados com planejamento, capacitação e monitoramento contínuos. Assim, é possível superar obstáculos e garantir que as ferramentas impulsionem a eficiência e o valor organizacional.

O VMO está preparado para identificar e mitigar os desafios associados às suas tecnologias atuais?

Tecnologias sustentáveis no contexto do VMO

Tecnologias sustentáveis são soluções projetadas para oferecer eficiência operacional, reduzir desperdícios e otimizar o uso de recursos. No contexto do VMO, isso significa adotar ferramentas que maximizem o valor gerado para a organização enquanto minimizam o custo total de propriedade e o impacto negativo.

Princípios das tecnologias sustentáveis no VMO

Eficiência operacional: ferramentas devem **simplificar processos e aumentar a produtividade** sem criar redundâncias.

Na prática: um sistema centralizado para gerenciamento de portfólio elimina a necessidade de múltiplas planilhas desconectadas.

Integração de dados: as soluções devem **possibilitar uma visão única e consolidada das informações**, promovendo a tomada de decisões baseada em dados.

Na prática: plataformas que integram dados financeiros, operacionais e de projetos em um único painel.

Escalabilidade: as tecnologias escolhidas devem ser **capazes de crescer junto com a organização**, adaptando-se a novas demandas.

Na prática: um software que suporta o aumento de volume de projetos sem degradação de performance.

Impacto ambiental reduzido: sempre que possível, opte por soluções que reduzam o consumo de energia e papel, promovendo a sustentabilidade ambiental.

Na prática: ferramentas baseadas na nuvem que diminuem a dependência de infraestruturas físicas locais.

Exemplos práticos de tecnologias sustentáveis no VMO

- **Ferramentas de gestão de projetos e portfólio (PPM):** Jira e Microsoft Project Online alinham projetos aos objetivos estratégicos e monitoram o progresso em tempo real.
- **Soluções de *Business Intelligence* (BI):** Power BI e Tableau geram *insights* visuais a partir de dados consolidados.
- **Automação de processos:** Zapier e UiPath reduzem tarefas repetitivas e aumentam a eficiência operacional.
- **Soluções de colaboração:** Slack e Microsoft Teams facilitam a comunicação entre equipes, especialmente em estruturas remotas ou híbridas.

A adoção de tecnologias sustentáveis no VMO proporciona entrega contínua de valor. Ao investir em ferramentas escaláveis, integradas e alinhadas à estratégia, as organizações podem operar com eficiência e agilidade, preparando-se para os desafios futuros.

Sua organização está investindo em tecnologias que realmente contribuem para a sustentabilidade e o alinhamento estratégico?

Benefícios de adotar tecnologias sustentáveis no VMO

Investir em tecnologias sustentáveis oferece vantagens que vão além da eficiência operacional. Essas tecnologias transformam o VMO em um catalisador para a inovação, alinhamento estratégico e resiliência organizacional.

1. Alinhamento estratégico e visão consolidada. Tecnologias sustentáveis permitem **centralizar dados de diferentes áreas da organização**, criando uma fonte única de verdade.

Na prática: um software de gestão de portfólio que integra KPIs estratégicos com informações de projetos garante que decisões táticas estejam sempre alinhadas às metas organizacionais.

2. **Tomada de decisões baseada em dados.** Ferramentas sustentáveis oferecem painéis de controle e relatórios em tempo real, promovendo **decisões baseadas em dados e ágeis**.

☛ **Na prática:** um *dashboard* de *Business Intelligence* pode combinar dados financeiros e operacionais para monitorar o impacto do portfólio em tempo real.

3. **Redução de custos e aumento da eficiência.** Ao evitar redundâncias e automação de processos, as organizações **economizam recursos financeiros e humanos**.

☛ **Na prática:** a automação de tarefas administrativas, como geração de relatórios, economiza tempo de equipes e reduz o risco de erros manuais.

4. **Sustentabilidade ambiental.** Ferramentas baseadas na nuvem e práticas *paperless* (sem papel) ajudam a **reduzir o impacto ambiental**.

☛ **Na prática:** adoção de assinaturas digitais para aprovações de projetos elimina a necessidade de imprimir documentos.

5. **Escalabilidade e adaptação.** Tecnologias sustentáveis **crescem junto com a organização**, adaptando-se a novos desafios e demandas.

☛ **Na prática:** uma solução modular pode integrar novos recursos à medida que a organização evolui.

6. **Integração e colaboração.** Soluções integradas **promovem uma comunicação eficiente entre equipes e áreas**, eliminando silos organizacionais.

☛ **Na prática:** plataformas colaborativas, como Microsoft Teams ou Slack, centralizam a comunicação e promovem o engajamento.

7. **Resiliência organizacional.** A capacidade de uma organização **se adaptar a crises e mudanças** é amplificada quando ela conta com uma base tecnológica sólida e sustentável.

☛ **Na prática:** um sistema de monitoramento de riscos identifica antecipadamente vulnerabilidades no portfólio, permitindo ajustes rápidos.

8. Transparência para a alta liderança. Diretores e presidentes frequentemente dependem de várias fontes distintas para acessar informações reais do dia a dia. Com uma tecnologia sustentável, **líderes podem acessar dados diretamente de sistemas confiáveis**, reduzindo a necessidade de intermediários e aumentando a confiabilidade das decisões.

> **Na prática:** um presidente que utiliza um painel em tempo real para acompanhar indicadores de performance pode tomar decisões estratégicas sem precisar aguardar múltiplos níveis de aprovação ou relatórios manuais.

As tecnologias sustentáveis são habilitadoras de um VMO eficaz e ágil. O investimento correto aprimora operações e posiciona a organização para entregar valor contínuo em um ambiente dinâmico e desafiador.

> **Suas ferramentas tecnológicas estão impulsionando ou dificultando a entrega de valor do VMO?**

Passo a passo para implantação da tecnologia sustentável no VMO

A seguir, apresentamos uma sequência clara para orientar essa implementação, com exemplos para ilustrar cada etapa.

1. Mapeie as necessidades organizacionais

Antes de adotar qualquer tecnologia, é essencial identificar as necessidades do VMO e os *gaps* que precisam ser preenchidos.

> **Na prática:** um VMO percebe dificuldades na coleta e consolidação de dados financeiros e de projetos. A primeira ação é mapear as áreas críticas que precisam de uma solução integrada.

2. Defina objetivos e resultados esperados

Estabeleça metas claras para a tecnologia, sempre alinhadas aos objetivos estratégicos da organização.

> **Na prática:** o objetivo de implementar um software de portfólio pode ser reduzir o tempo de geração de relatórios de 10 dias para 2 dias.

3. Escolha de ferramentas alinhadas à estratégia

Com base nas necessidades identificadas, selecione ferramentas escaláveis, integradas e sustentáveis.

☛ **Na prática:** uma empresa opta pelo Power BI como ferramenta de *Business Intelligence* devido à sua capacidade de consolidar dados de diferentes sistemas e apresentar *dashboards* intuitivos.

4. Estabeleça uma origem única de dados (*single source of truth*)

Centralize as informações críticas em um sistema confiável para garantir consistência e transparência.

☛ **Na prática:** consolidar dados de desempenho de projetos, financeiros e operacionais em um ERP integrado, eliminando redundâncias.

5. Realize um piloto controlado

Antes de implementar em larga escala, execute um projeto piloto para testar a eficácia da tecnologia escolhida.

☛ **Na prática:** um VMO testa uma ferramenta de gestão de portfólio com apenas um departamento antes de expandir para toda a organização.

6. Capacitação das equipes

Invista no treinamento dos usuários para garantir que eles saibam utilizar a ferramenta de forma eficiente.

☛ **Na prática:** *workshops* para ensinar as equipes a criar relatórios e utilizar *dashboards*.

7. Monitore e ajuste

Após a implementação, avalie regularmente os resultados obtidos e faça os ajustes necessários.

☛ **Na prática:** após 3 meses, o VMO avalia que a ferramenta está sendo subutilizada e organiza treinamentos adicionais para explorar funcionalidades avançadas.

Conclusão

A tecnologia sustentável não é apenas uma escolha técnica, mas uma decisão estratégica que conecta todos os pilares do VMO: alinhamento estratégico, operação contínua e entrega de valor. Ao integrar ferramentas com processos e pessoas, o VMO se torna mais eficiente, transparente e resiliente.

A chave para o sucesso não está apenas na adoção de novas tecnologias, mas na sua utilização estratégica. Uma tecnologia sustentável deve:

- Facilitar a tomada de decisão baseada em dados confiáveis.
- Promover a integração entre áreas e eliminar silos de informação.
- Apoiar a entrega contínua de valor, mesmo em ambientes dinâmicos e desafiadores.

A tecnologia sustentável que você escolheu para o VMO está ajudando a organização a alcançar seus objetivos estratégicos ou está criando complexidade adicional?

Conexão com o próximo passo: comece pequeno e cresça. *A implantação de tecnologia sustentável é a base para que o próximo passo seja eficaz. Com ferramentas robustas e escaláveis, o VMO pode iniciar projetos menores, testar soluções e gerar impacto rapidamente.*

No próximo capítulo, exploraremos como começar pequeno, gerenciar expectativas e criar um ciclo de crescimento contínuo e sustentável.

11. Passo 7 – Comece pequeno e cresça

A estratégia de começar pequeno

No mundo corporativo, a implementação de grandes transformações, como a criação de um VMO, pode parecer um desafio imenso. No entanto, adotar a estratégia de começar pequeno e crescer permite validar suas ideias e aprender com a prática. Esse método reduz riscos, aumenta o engajamento das equipes e demonstra resultados tangíveis em um curto espaço de tempo.

Essa abordagem é ainda mais eficaz quando combinada com boas práticas de gestão de mudanças, como o *framework* Prosci ADKAR, que auxilia no gerenciamento das transições individuais e organizacionais (HIATT, 2006). Entender os passos para preparar, equipar e engajar as pessoas é essencial para o sucesso de qualquer iniciativa estratégica. O uso de ferramentas como o HCMBOK também pode oferecer *insights* práticos sobre como lidar com as resistências naturais a mudanças e criar um ambiente favorável para experimentação (GONÇALVES; CAMPOS, 2016).

Ao longo deste capítulo, mostraremos que começar pequeno não significa pensar pequeno. Pelo contrário, trata-se de criar um modelo ágil e escalável, alinhado à estratégia organizacional e focado em gerar valor desde o início. Além disso, veremos como essa abordagem se conecta diretamente aos passos anteriores, como alinhamento estratégico, governança de valor, cultura de inovação e times de valor.

Você está disposto a começar pequeno, mas com impacto significativo e potencial de crescimento?

Por que começar pequeno?

Começar pequeno permite que as organizações testem hipóteses, reduzam riscos e ganhem tração de forma incremental, enquanto constroem confiança com os *stakeholders*. É uma estratégia comprovada para lidar com a complexidade e a incerteza de grandes iniciativas.

Vantagens de começar pequeno

Redução de riscos. Lançar um projeto em menor escala possibilita identificar e corrigir problemas antes que eles escalem. Além disso, permite validar ideias e ajustar o curso, caso necessário, sem grandes prejuízos.

☛ **Na prática:** um VMO piloto pode ser testado em uma única unidade de negócios ou departamento antes de ser expandido para toda a organização.

Rapidez na geração de resultados. Iniciativas menores têm ciclos mais curtos, o que permite entregar valor rapidamente e demonstrar resultados tangíveis. Isso aumenta o engajamento das equipes e o apoio da alta liderança.

☛ **Na prática:** implementar um *dashboard* inicial para um portfólio de projetos críticos, destacando KPIs essenciais para a organização.

Engajamento e adesão das equipes. Projetos mais curtos facilitam o engajamento dos times, pois o impacto e os benefícios são mais fáceis de compreender. As equipes se tornam mais propensas a colaborar quando percebem os resultados diretos de seu trabalho.

☛ **Na prática:** uma equipe piloto experimenta uma nova metodologia de governança de valor, documenta os aprendizados e compartilha com outras áreas.

Flexibilidade e iteração contínua. Iniciativas menores permitem testar abordagens diferentes e refinar os processos com base no *feedback* contínuo.

☛ **Na prática:** um VMO começa com a implementação de ferramentas tecnológicas sustentáveis para um projeto específico, ajustando sua aplicação conforme os resultados emergem.

Conexões com os passos anteriores: *os passos anteriores, como governança de valor e cultura da inovação, criam a base para essa abordagem incremental. A governança garante que os pequenos passos estejam alinhados com a estratégia organizacional, enquanto a cultura promove experimentação e aprendizado contínuos.*

Quais iniciativas estratégicas da sua organização poderiam começar em pequena escala, mas com potencial para gerar grande impacto?

Como estruturar um piloto para o VMO

Iniciar pequeno exige mais do que um simples planejamento; é preciso estruturar um piloto bem desenhado, que sirva como prova de conceito e base para a expansão. Este processo envolve passos claros para garantir que o piloto demonstre resultados alinhados aos objetivos estratégicos.

Definir um objetivo

Identifique o que o piloto deve alcançar. Isso pode incluir validação de um processo, demonstração de resultados financeiros ou alinhamento com a estratégia organizacional.

Na prática: o piloto do VMO pode ter como objetivo melhorar a transparência em um portfólio de projetos críticos, com foco em eficiência e governança.

Escolher a área

Selecione uma unidade de negócios, departamento ou projeto que tenha alta visibilidade ou impacto significativo, mas que possa ser gerido dentro de um escopo limitado.

Na prática: implementar o VMO primeiramente em uma área de TI para gerenciar a adoção de uma nova tecnologia organizacional.

Desenvolver o plano

Estruture as etapas do piloto, incluindo metas, KPIs, cronogramas e recursos necessários. O plano deve ser claro o suficiente para evitar ambiguidades, mas flexível o suficiente para ajustes.

☛ **Na prática:** o plano pode incluir a integração de ferramentas de gestão de portfólio e a capacitação inicial das equipes.

Engajar *stakeholders*

Envolva a liderança e os times diretamente impactados para garantir apoio e alinhamento. Isso inclui comunicar os benefícios e resultados esperados do piloto.

☛ **Na prática:** organizar *workshops* com gerentes de projetos e diretores para discutir expectativas e papéis no piloto.

Implementar e monitorar

Lançar o piloto exige supervisão contínua. Use ferramentas de monitoramento para coletar dados em tempo real e medir o desempenho.

☛ **Na prática:** um *dashboard* para rastrear KPIs como alinhamento estratégico, redução de custos e engajamento dos times.

Avaliar e ajustar

Após o piloto, realize uma avaliação completa para identificar o que funciona e o que precisa ser ajustado. Isso permitirá uma expansão futura.

☛ **Na prática:** realizar uma retrospectiva com as equipes envolvidas para discutir aprendizados e melhorias.

Você já tem uma iniciativa em mente que poderia servir como piloto para validar o modelo do VMO?

Benefícios de começar pequeno

A seguir, exploramos os principais benefícios de começar pequeno no contexto de um VMO.

1. **Validação rápida e ajustes ágeis.** Com um escopo reduzido, o piloto permite **validar suposições iniciais e ajustar processos** antes de uma implementação em larga escala.

☛ **Na prática:** um VMO implementado inicialmente em um departamento pode identificar lacunas de governança antes de expandir para toda a empresa.

2. **Redução de riscos.** Iniciar pequeno **minimiza os impactos de eventuais falhas**, pois erros podem ser corrigidos rapidamente e com menos custos.

☛ **Na prática:** adotar uma nova metodologia de priorização de projetos em apenas um portfólio reduz o risco de resistência em larga escala.

3. **Geração de resultados visíveis.** Pilotos oferecem **resultados tangíveis** que podem ser apresentados para demonstrar o valor do VMO e engajar *stakeholders*.

☛ **Na prática:** um aumento de 15% na eficiência operacional após a implementação de um projeto piloto pode ser usado como argumento para expandir o VMO.

4. **Engajamento e confiança dos *stakeholders*.** Mostrar resultados iniciais cria um **senso de confiança e engajamento** entre as equipes e a alta liderança.

☛ **Na prática:** relatórios de progresso de um piloto bem-sucedido fortalecem o apoio do *C-level*.

5. **Aprendizado e melhoria contínuos.** O piloto serve como um **laboratório de aprendizado**, permitindo refinar práticas antes de uma implementação total.

☛ **Na prática:** o *feedback* das equipes envolvidas no piloto pode ser usado para ajustar treinamentos futuros.

Sua organização está preparada para reconhecer e utilizar os aprendizados de um piloto como base para uma implementação bem-sucedida?

Passo a passo para começar pequeno e crescer

Iniciar pequeno não significa falta de planejamento. Pelo contrário, exige um roteiro claro que guie as ações e garanta que cada etapa seja um passo em direção ao crescimento sustentável. A seguir, apresentamos um passo a passo detalhado para implementar essa estratégia no contexto do VMO.

1. Definir um escopo inicial reduzido. Escolha uma área, projeto ou departamento onde o impacto do VMO possa ser validado de forma rápida e clara.

☛ **Na prática:** implementar o VMO em uma área crítica, como TI ou finanças, antes de expandir para toda a organização.

2. Identificar *stakeholders*-chave. Determine quem são as partes interessadas no piloto e envolva-as desde o início. Isso garante alinhamento e engajamento.

☛ **Na prática:** envolver o diretor da área escolhida como embaixador do piloto.

3. Estabelecer indicadores de sucesso. Defina métricas claras para avaliar o sucesso do piloto, conectando-as aos objetivos estratégicos da organização.

☛ **Na prática:** reduzir o tempo de entrega de projetos em 20% no portfólio piloto.

4. Executar o piloto. Implemente o piloto com foco em aprendizado e entrega de valor. Certifique-se de monitorar constantemente os resultados.

☛ **Na prática:** utilizar reuniões semanais para ajustar processos e alinhar expectativas com os *stakeholders*.

5. Refinar processos. Após a execução do piloto, colete *feedback* das equipes envolvidas e ajuste as práticas para corrigir eventuais falhas.

☛ **Na prática:** realizar *workshops* com os times para identificar pontos de melhoria na governança e na priorização.

6. Documentar lições aprendidas. Registre os aprendizados e compartilhe-os com a organização, mostrando os resultados alcançados e as melhorias identificadas.

Na prática*:* apresentar um relatório final que conecte os resultados do piloto aos objetivos do VMO.

7. Escalar gradualmente. Com base no sucesso do piloto, amplie o escopo para novas áreas ou projetos, mantendo o foco na adaptação e no aprendizado contínuo.

Na prática*:* expandir o VMO para um segundo portfólio, incorporando as melhorias sugeridas no piloto inicial.

Sua organização está preparada para adotar um modelo iterativo, onde o aprendizado contínuo alimenta o crescimento sustentável do VMO?

Prototipação, provas de conceito e MVP no contexto do VMO

Uma das estratégias mais eficazes para implementar a abordagem "comece pequeno e cresça" é utilizar métodos como prototipação, provas de conceito (*Proof of Concept* - POC) e MVP (*Minimum Viable Product*). Eles permitem validar ideias rapidamente, reduzir riscos e engajar *stakeholders* de maneira prática.

1. Prototipação

Prototipação é o processo de criar uma versão inicial e simplificada de um produto, serviço ou processo para explorar e testar conceitos.

Na prática: criar um *mockup* de um painel de indicadores de valor para apresentar à liderança antes de desenvolver a solução completa.

Benefícios:

- Identificar lacunas e falhas em estágios iniciais.
- Coletar *feedback* rápido dos usuários.

2. Prova de conceito (*Proof of Concept* - POC)

Uma POC é um experimento de curto prazo projetado para demonstrar a viabilidade de uma ideia em um contexto específico.

Na prática: testar uma ferramenta de gestão de portfólio com um número limitado de projetos para avaliar sua eficácia antes de uma adoção em larga escala.

Benefícios:

- Avaliar se uma solução é tecnicamente viável.
- Garantir que a tecnologia ou processo selecionado seja escalável e eficiente.

3. MVP (*Minimum Viable Product*)

O MVP, produto mínimo viável, é uma versão funcional mínima de um produto ou serviço, projetada para entregar valor real enquanto permite melhorias contínuas.

Na prática: desenvolver um modelo básico de governança para um único fluxo de valor, monitorando o impacto antes de expandir para toda a organização.

Benefícios:

- Reduzir custos e esforços iniciais.
- Obter validação real do mercado ou dos *stakeholders*.

Como integrar essas estratégias ao VMO?

1. **Escolha de uma abordagem baseada no contexto.** Determine qual estratégia é mais adequada com base no estágio atual do VMO e nos recursos disponíveis.
2. ***Feedback* contínuo.** Inclua ciclos de *feedback* nas etapas de prototipação, POC e MVP para ajustar e refinar os resultados.
3. **Comunicação transparente com *stakeholders*.** Garanta que os resultados e os aprendizados de cada etapa sejam compartilhados com os *stakeholders*.

Sua organização utiliza ferramentas como prototipação, POC ou MVP para testar e validar ideias antes de grandes implementações?

Gestão de mudanças na abordagem "comece pequeno e cresça"

Implementar transformações, mesmo que iniciais e pontuais, requer uma abordagem estruturada de gestão de mudanças. Esse processo é crucial para garantir que as iniciativas do VMO sejam aceitas, compreendidas e apoiadas por todos os envolvidos.

1. A importância da gestão de mudanças

A resistência à mudança é um desafio comum em organizações. A implementação de um VMO, mesmo em pequena escala, pode ser vista como uma ameaça por alguns colaboradores. Uma gestão de mudanças eficaz ajuda a reduzir essa resistência e promove uma transição mais suave.

Principais benefícios:

- Aumento da adesão às iniciativas do VMO.
- Redução do impacto negativo nas operações.
- Construção de um ambiente favorável à experimentação e inovação.

2. Métodos estruturados para gestão de mudanças

Dois modelos amplamente reconhecidos para a gestão de mudanças podem ser aplicados no contexto do VMO.

- O modelo **Prosci ADKAR** é baseado em cinco pilares:

  ***Awareness* (Consciência):** garantir que os colaboradores entendam a necessidade do VMO.

  ***Desire* (Desejo):** incentivar a vontade de participar da mudança.

  ***Knowledge* (Conhecimento):** fornecer treinamento e recursos necessários para a adaptação.

  ***Ability* (Habilidade):** garantir que os colaboradores sejam capazes de implementar a mudança.

  ***Reinforcement* (Reforço):** consolidar os ganhos e evitar retrocessos.

- O modelo **HCMBOK (*Human Change Management Body of Knowledge*)**: criado por Vicente Gonçalves e Carla Campos, esse modelo enfatiza a conexão entre as pessoas e os resultados organizacionais. Ele destaca:

  Diagnóstico: compreender as necessidades humanas durante a transição.

  Engajamento: envolver os *stakeholders* no processo desde o início.

  Evolução: monitorar e ajustar as ações conforme necessário.

3. Aplicação prática no VMO

Para aplicar a gestão de mudanças no contexto do VMO:

1. Diagnostique a cultura atual: identifique os pontos de resistência e os aspectos favoráveis à mudança.

☛ **Na prática:** realize uma pesquisa de engajamento antes de implementar um MVP.

2. Desenvolva um plano de comunicação: crie mensagens claras sobre o objetivo da iniciativa e os benefícios esperados.

☛ **Na prática:** explique como a criação de um painel de indicadores iniciais ajudará a alta liderança a tomar decisões mais assertivas.

3. Capacite as equipes: ofereça treinamentos focados no uso das ferramentas que serão introduzidas.

☛ **Na prática:** realize *workshops* sobre a importância de uma origem única de dados.

4. Promova *feedback* e iteração: crie canais para coletar *feedback* contínuo e ajustar as iniciativas conforme necessário.

☛ **Na prática:** após implementar uma POC, convoque reuniões para discutir aprendizados e próximos passos.

Sua organização está preparada para gerenciar as mudanças necessárias para implementar o VMO de forma eficaz?

Ampliação gradual: do local ao global

Após validar conceitos e alcançar resultados com iniciativas menores, como POCs, MVPs ou protótipos, chega o momento de expandir o impacto para toda a organização. Essa ampliação deve ser estruturada e planejada, para garantir que a entrega de valor permaneça sustentável e alinhada à estratégia organizacional.

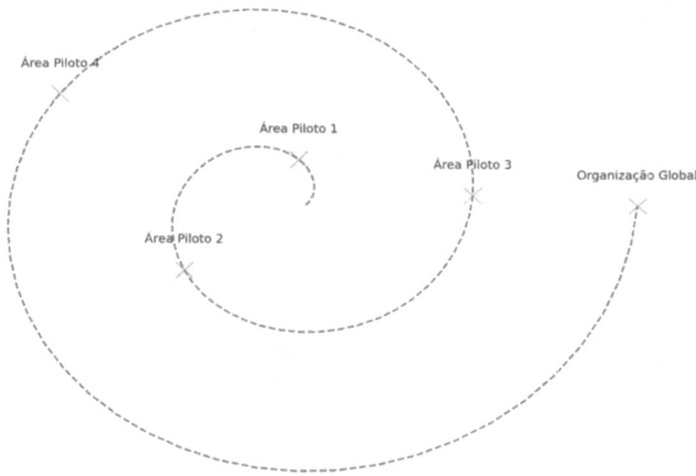

1. Escalabilidade planejada

Expandir sem um planejamento estruturado pode colocar em risco os aprendizados e os resultados obtidos em pequenas iniciativas. Para evitar isso, é essencial adotar uma abordagem de ampliação gradual, considerando:

- **Consolidação do aprendizado:** utilize os resultados das iniciativas menores como alicerce para a expansão. Essas informações ajudam a evitar erros em larga escala.
- **Planejamento por fases:** divida a expansão em etapas claras, priorizando departamentos ou processos mais críticos para o negócio.

- **Alinhamento estratégico:** certifique-se de que cada passo da ampliação está conectado aos objetivos organizacionais definidos no passo 1.

2. Estratégias para ampliar o impacto

Para garantir o sucesso da ampliação, considere as seguintes práticas:

Identifique os pilotos de sucesso

Avalie quais iniciativas geraram maior impacto e possuem maior potencial de replicação em larga escala.

☛ **Na prática:** após o sucesso de uma integração entre sistemas em determinado departamento, amplie essa solução para outras áreas da empresa.

Engaje os *stakeholders* em todos os níveis

A inclusão de *stakeholders* é fundamental para garantir adesão, apoio e alinhamento durante a expansão.

☛ **Na prática:** reúna líderes de diferentes departamentos para discutir a replicação de um painel de controle centralizado.

Invista em capacitação

Prepare os colaboradores para utilizar as soluções em escala, garantindo que compreendam as mudanças e saibam como aproveitar as novas ferramentas.

☛ **Na prática:** ofereça treinamentos sobre a nova plataforma antes de sua expansão para outros departamentos.

Monitore e ajuste

Avalie continuamente o progresso da ampliação e esteja preparado para corrigir possíveis desvios rapidamente.

☛ **Na prática:** ao expandir um processo automatizado, ajuste fluxos de trabalho em áreas que enfrentem dificuldades.

Conclusão

Adotar a estratégia "comece pequeno e cresça" permite:

- Testar ideias com baixo risco.
- Engajar *stakeholders* progressivamente.
- Criar um ambiente que valoriza a inovação e a melhoria contínua.

Sua organização está disposta a começar pequeno, mas com visão e planejamento para crescer de forma escalável e sustentável?

Conexão com o próximo passo: entrega contínua de valor. *A estratégia "comece pequeno e cresça" estabelece as bases para um modelo de trabalho orientado à entrega contínua de valor. Ao validar iniciativas em pequena escala, ajustar processos e construir sobre resultados concretos, sua organização cria uma cultura de aprendizado e inovação que é essencial para sustentar a entrega de valor ao longo do tempo.*

No próximo capítulo, exploraremos como estruturar e consolidar processos, tecnologias e comportamentos que garantam uma entrega constante de valor para *stakeholders* internos e externos, conectando estratégia, execução e impacto de forma fluida e integrada. Afinal, a verdadeira medida do sucesso do VMO é a capacidade de gerar valor de maneira consistente e escalável.

Sua organização está preparada para sustentar ciclos contínuos de entrega de valor?

12. Passo 8 – Entrega contínua de valor

A importância da entrega contínua de valor

A entrega contínua de valor não é apenas o destino final, mas sim um ciclo dinâmico que conecta todos os aspectos da organização. Ela transcende projetos isolados, promovendo uma abordagem onde cada ação, desde o alinhamento estratégico até a operação diária, contribui para a geração de valor sustentável.

A entrega contínua de valor é o ponto culminante do VMO. Este capítulo abordará como criar um fluxo de valor contínuo e alinhado aos objetivos organizacionais, ao mesmo tempo em que fecha o ciclo iniciado no passo 1 (alinhamento estratégico). A ideia central é que o ciclo não termina aqui, mas recomeça com uma nova visão estratégica, gerando um processo de melhoria contínua.

Sua organização está preparada para transformar a entrega contínua de valor em um ciclo que renova e impulsiona a estratégia?

O que é entrega contínua de valor no contexto do VMO?

A entrega contínua de valor vai além de cumprir prazos ou concluir projetos com êxito. No contexto do VMO, trata-se de um fluxo ininterrupto que conecta estratégia, execução e resultados. Esse conceito exige a capacidade de responder rapidamente às mudanças, iterar constantemente e alinhar cada ação aos objetivos organizacionais, sempre com foco no impacto estratégico.

Características fundamentais da entrega contínua de valor no VMO:

1. **Orientação ao cliente:** decisões e ações devem priorizar a criação de valor para os *stakeholders* internos e externos, garantindo relevância e impacto.
2. **Adaptação rápida:** o VMO deve ser flexível para ajustar prioridades com base em novas informações ou mudanças no ambiente de negócios.
3. **Ciclo de melhoria contínua:** cada entrega deve ser encarada como um ponto de aprendizado, promovendo ajustes em processos, estratégias e resultados futuros.
4. **Foco em *outcomes*:** mais do que entregar *outputs* (entregáveis), o objetivo é alcançar *outcomes* (resultados significativos e duradouros).
5. ***Feedback* contínuo:** integrar mecanismos de coleta e análise de *feedback* é essencial para ajustar o curso de forma ágil e garantir a relevância das entregas. Um VMO bem estruturado utiliza esses *insights* para iterar rapidamente.
6. **Tecnologia como facilitadora:** ferramentas tecnológicas consolidam dados, automatizam processos e permitem análises em tempo real. Isso acelera a tomada de decisões e garante que o fluxo de valor se mantenha ininterrupto.

Na prática: uma organização implementa uma nova funcionalidade em seu sistema de atendimento ao cliente. Após o lançamento, *feedbacks* dos usuários são coletados, analisados e incorporados rapidamente a melhorias, demonstrando um ciclo contínuo de entrega que prioriza as necessidades dos clientes e maximiza os resultados.

Seu VMO está configurado para entregar resultados consistentes, incorporar *feedbacks* em tempo real e aprender com cada entrega?

Conexões com os passos anteriores: criando o ciclo completo. *A entrega contínua de valor no VMO não ocorre isoladamente; ela é construída sobre os alicerces estabelecidos nos passos anteriores. Cada etapa do método contribui diretamente para criar um ambiente que viabiliza a entrega consistente de resultados estratégicos e significativos.*

*1. **Alinhamento estratégico (passo 1):** a base de toda entrega de valor está no alinhamento claro com os objetivos organizacionais. Sem uma visão estratégica bem definida, as entregas tornam-se desconectadas e perdem impacto.*

*2. **Governança de valor (passo 2):** a governança estabelece os mecanismos necessários para priorizar, medir e ajustar as iniciativas com base no impacto gerado, garantindo que o valor entregue seja continuamente monitorado e otimizado.*

*3. **Cultura de inovação (passo 3):** uma cultura que estimula a experimentação e aceita falhas como aprendizado promove ciclos ágeis de entrega, permitindo que o VMO se adapte rapidamente às mudanças do mercado.*

*4. **Times de valor (passo 4):** equipes multifuncionais e colaborativas são essenciais para implementar e sustentar ciclos contínuos de entrega de valor. Esses times operam como motores da execução estratégica.*

*5. **Implantação do VMO (passo 5):** estruturar um VMO sólido proporciona os recursos, processos e governança necessários para sustentar a entrega contínua de valor.*

*6. **Tecnologia sustentável (passo 6):** ferramentas tecnológicas integradas e alinhadas com a estratégia organizacional criam a infraestrutura necessária para a entrega eficiente e consistente de valor.*

*7. **Comece pequeno e cresça (passo 7):** validar iniciativas em pequena escala antes de ampliá-las para toda a organização reduz riscos e maximiza o aprendizado.*

Na prática: imagine uma organização que, a partir do alinhamento estratégico, identifica a necessidade de digitalizar o atendimento ao cliente. Começa-se com um piloto em um único departamento, validando os processos e as ferramentas. O *feedback* obtido no piloto alimenta melhorias no fluxo de valor e, com o suporte do VMO, a iniciativa é escalada para toda a empresa.

Como os passos anteriores do método têm contribuído para viabilizar a entrega contínua de valor em sua organização? Existe alguma etapa que precisa ser fortalecida para otimizar os resultados?

Pilares da entrega contínua de valor

Para que a entrega contínua de valor seja eficaz, ela precisa se apoiar em pilares fundamentais que garantem sua consistência e escalabilidade. Eles sustentam o fluxo de valor e se adaptam continuamente às mudanças do ambiente organizacional.

Foco no cliente

A entrega de valor só é contínua se estiver alinhada às necessidades reais dos *stakeholders*. Isso requer uma abordagem centrada no cliente, com *feedback* constante e adaptações rápidas. No contexto do VMO, o foco no cliente deve estar diretamente conectado aos *outcomes* estratégicos, utilizando métricas para avaliar não apenas a satisfação, mas também o impacto gerado.

☛ **Na prática:** uma equipe de desenvolvimento de software que ajusta funcionalidades com base no *feedback* dos usuários durante as iterações.

Agilidade organizacional

A capacidade de se adaptar rapidamente a mudanças, reavaliar prioridades e ajustar processos é essencial para manter o valor entregue relevante e estratégico. A agilidade organizacional deve ser acompanhada de *frameworks* robustos, como ciclos de experimentação rápida, para garantir que os ajustes sejam baseados em dados e não apenas em intuições.

☛ **Na prática:** durante uma crise econômica, o VMO realoca recursos para iniciativas prioritárias com alto impacto em receitas.

Governança e transparência

Monitorar e reportar os resultados regularmente garante que as entregas estejam alinhadas aos objetivos estratégicos e que os ajustes necessários sejam feitos em tempo hábil. Uma governança efetiva exige ferramentas que suportem visualizações em tempo real e promovam a transparência, mesmo em ambientes complexos ou remotos.

☛ **Na prática:** relatórios semanais de progresso do portfólio que permitem identificar desvios e efetuar correções rápidas.

Melhoria contínua

A entrega contínua de valor é sustentada pela busca constante de aprimoramento, seja em processos, tecnologias ou resultados. O VMO deve adotar *frameworks* de melhoria contínua como *Kaizen* ou ciclos PDCA, promovendo evolução constante.

☛ **Na prática:** após cada *Sprint*, uma equipe realiza retrospectivas para identificar o que pode ser melhorado no próximo ciclo.

Sustentabilidade tecnológica

Ferramentas e sistemas utilizados precisam ser escaláveis e capazes de suportar a demanda crescente sem comprometer a eficiência ou a qualidade. A tecnologia utilizada também deve estar alinhada à governança de dados, promovendo segurança e conformidade regulatória.

☛ **Na prática:** implementar uma plataforma de gestão de portfólio que centralize dados e facilite a tomada de decisões.

Os pilares da sua organização suportam uma entrega contínua de valor, ou há lacunas que precisam ser preenchidas para garantir sustentabilidade e eficiência?

Estratégias para sustentar a entrega contínua de valor

Veja a seguir o que fazer para que esforços permaneçam alinhados, eficazes e relevantes ao longo do tempo.

1. *Feedback*

Coletar e incorporar *feedback* em todas as etapas do processo garante que o valor entregue atenda às expectativas e às necessidades dos *stakeholders*. Inclua o *feedback* como parte de um ciclo de aprendizado contínuo para alinhar resultados com mudanças nas demandas organizacionais.

Como implementar:

- Realizar sessões regulares de *feedback* com clientes internos e externos.
- Adotar ferramentas de captura de *insights*, como enquetes ou plataformas de gestão de comentários.

Na prática: um time de marketing ajusta sua campanha digital semanalmente com base nas métricas de engajamento.

2. Indicadores de valor

O monitoramento eficaz utiliza KPIs alinhados à estratégia organizacional. Acompanhar indicadores financeiros e intangíveis, como engajamento e satisfação do cliente, proporciona uma visão ampla sobre o valor entregue.

Como implementar:

- Definir indicadores claros que reflitam os objetivos estratégicos.
- Revisar regularmente os KPIs para manter sua relevância.

Na prática: um VMO monitora o retorno sobre investimento (ROI) de projetos estratégicos e ajusta o portfólio conforme necessário.

3. Priorização

As prioridades devem ser ajustadas com base em mudanças no mercado, na estratégia ou no *feedback* dos *stakeholders*. Crie um fluxo de priorização que envolva todas as áreas estratégicas, evitando a sobreposição de esforços e garantindo a agilidade organizacional.

Como implementar:

- Fazer revisões regulares do portfólio para priorizar iniciativas de maior impacto.
- Utilizar ferramentas como Matriz de Impacto vs. Esforço para decisões rápidas.

Na prática: uma equipe prioriza um projeto de inovação tecnológica após identificar novas demandas no mercado.

4. Capacitação

Investir no desenvolvimento das pessoas garante que elas estejam preparadas para lidar com novos desafios e oportunidades. Inclua a capacitação em gestão de mudanças e *soft skills*, como resolução de conflitos e comunicação, para apoiar a adaptação em cenários complexos.

Como implementar:

- Realizar treinamentos regulares sobre metodologias relevantes, tecnologias emergentes e habilidades interpessoais, como inteligência emocional.
- Estimular a troca de conhecimentos entre equipes para criar um ambiente de aprendizado colaborativo.

Na prática: uma organização promove *workshops* trimestrais sobre práticas de *design thinking* para estimular a inovação.

5. Adaptação

Ajustar processos e iniciativas permite que o fluxo de valor seja mantido mesmo diante de incertezas. Estabeleça canais de comunicação claros para disseminar informações sobre mudanças e envolver todos os níveis organizacionais nas adaptações necessárias.

Como implementar:

- Fazer reuniões regulares para avaliar o ambiente externo e ajustar ações estratégicas.

Na prática: um VMO reestrutura seu portfólio após uma mudança regulatória que impacta o setor.

Sua organização está preparada para ajustar suas estratégias em tempo real, garantindo que o fluxo de valor seja contínuo e relevante?

Indicadores de projetos vs. indicadores de valor no VMO

Um VMO eficaz vai além do acompanhamento de indicadores tradicionais de projetos. Embora esses KPIs sejam essenciais para monitorar a execução, é fundamental complementá-los com indicadores de valor que conectem a operação aos objetivos estratégicos da organização. A tabela a seguir destaca as diferenças e a importância de cada tipo de indicador:

Aspecto	Indicadores de projetos	Indicadores de valor
Foco	*Outputs* (entregas imediatas, prazos, orçamentos).	*Outcomes* (impacto estratégico, resultados de longo prazo).
Exemplos	Prazos cumpridos, orçamento gasto, taxa de conclusão de tarefas, qualidade técnica.	LTV (*Lifetime Value*), CAC (*Customer Acquisition Cost*), NPS, ROI, engajamento interno.
Objetivo	Garantir a eficiência operacional na execução dos projetos.	Medir o impacto estratégico e o valor gerado para clientes e *stakeholders*.
Periodicidade	Normalmente curto prazo, vinculado ao ciclo do projeto.	Longo prazo, alinhado aos objetivos organizacionais.
Benefícios	Identificar gargalos e melhorar a eficiência na execução.	Demonstrar o valor estratégico entregue ao negócio.
Desafios	Restrição à visão operacional e falta de conexão direta com os resultados organizacionais.	Exige sistemas robustos e alinhamento estratégico para monitoramento efetivo.

Indicadores de projetos: o tático

Os indicadores de projetos são valiosos para avaliar a execução e o desempenho operacional de iniciativas específicas. Eles oferecem informações importantes sobre o andamento das entregas e a eficiência dos recursos alocados.

Exemplos:

- **Cumprimento de prazos:** avaliação da pontualidade nas entregas.
- **Orçamento executado:** monitoramento de custos reais *versus* planejados.
- **Qualidade técnica:** número de defeitos ou retrabalhos.
- **Taxa de conclusão:** percentual de atividades finalizadas.

Limitações:

- Visão restrita ao ciclo do projeto, sem capturar os impactos de longo prazo.
- Pouco alinhamento com os objetivos estratégicos mais amplos.

Indicadores de valor: o estratégico

Os indicadores de valor ampliam a perspectiva, conectando diretamente os esforços operacionais aos objetivos estratégicos. Eles consideram não apenas o que foi entregue, mas o impacto gerado no contexto do negócio.

Exemplos:

1. **LTV (*Lifetime Value*):** mede o valor total gerado por um cliente ao longo do seu relacionamento com a empresa.
2. **CAC (*Customer Acquisition Cost*):** indica o custo médio para conquistar novos clientes.
3. **NPS (*Net Promoter Score*):** avalia a satisfação dos clientes.
4. **ROI (*Return on Investment*):** calcula o retorno financeiro das iniciativas.
5. **Engajamento interno:** mede a adesão das equipes aos objetivos estratégicos.

Vantagens:

1. Conexão direta com os resultados estratégicos da organização.
2. Permite ajustes mais eficazes com base no impacto gerado.
3. Gera *insights* sobre áreas críticas como retenção de clientes, eficiência de custos e inovação.

Como implementar no VMO?

Defina indicadores estratégicos: alinhe os indicadores de valor aos objetivos estratégicos da organização.

☛ **Na prática:** para aumentar a satisfação do cliente, priorize métricas como NPS e LTV.

Integre indicadores operacionais e estratégicos: construa painéis que combinem indicadores de projetos e de valor.

☛ **Na prática:** um *dashboard* que monitore tanto prazos quanto impacto financeiro (ROI).

Eduque as equipes: promova a conscientização sobre a importância dos indicadores de valor.

☛ **Na prática:** treinamentos sobre como justificar iniciativas com base em métricas estratégicas.

Conclusão

Enquanto os indicadores de projetos são essenciais para garantir a eficiência tática, os indicadores de valor oferecem a visão estratégica necessária para conectar ações a resultados duradouros. O VMO deve integrar os níveis tático e estratégico para garantir uma entrega contínua de valor.

Transformando uma organização para a prática da entrega contínua de valor

A entrega contínua de valor é um conceito poderoso, mas, como toda mudança estratégica, exige uma aplicação prática bem planejada para alcançar resultados significativos. Este exemplo prático, baseado em um caso fictício, mas amplamente inspirado em desafios reais de organizações, ilustra como o modelo pode ser implementado.

Contexto

Uma empresa de médio porte do setor de tecnologia sofria com problemas recorrentes em seus projetos estratégicos: atrasos frequentes, baixa colaboração entre equipes e resultados desalinhados com os objetivos de negócio. Além disso, havia uma falta clara de priorização, e a alta liderança sentia que não tinha visibilidade suficiente sobre os resultados reais das iniciativas.

Passo 1: diagnóstico inicial

O primeiro passo foi realizar uma análise detalhada do portfólio de projetos e da estrutura organizacional. Constatou-se que:

- As iniciativas não estavam alinhadas à estratégia organizacional.
- Não havia mecanismos claros de *feedback* contínuo.
- As equipes operavam em silos, dificultando a colaboração e a troca de informações.

Passo 2: estruturação de um ciclo de entrega contínua

Com base no diagnóstico, a organização decidiu adotar uma abordagem de entrega contínua de valor, estruturando suas ações nos seguintes pilares:

1. **Foco no cliente:** foi implementado um processo de coleta constante de *feedback* dos clientes internos e externos, utilizando enquetes e plataformas digitais.
2. **Governança e transparência:** criou-se um painel de controle centralizado para monitorar KPIs em tempo real, permitindo que a alta liderança acompanhasse o progresso das iniciativas.
3. **Prioridade dinâmica:** reuniões quinzenais de priorização foram instituídas, permitindo que iniciativas de alto impacto fossem ajustadas com agilidade.
4. **Capacitação:** as equipes receberam treinamento em ferramentas de colaboração e práticas de inteligência emocional para melhorar a comunicação.

Resultados alcançados

Dentro de seis meses, a empresa alcançou resultados concretos:

- **Aumento na entrega de valor:** 80% dos projetos passaram a ser entregues no prazo e dentro do orçamento, alinhados aos objetivos estratégicos.
- **Engajamento elevado:** as equipes relataram maior clareza sobre suas contribuições e mais motivação para alcançar resultados.
- **Redução de silos:** a colaboração entre departamentos melhorou significativamente, facilitada por novas ferramentas e processos.

Aprendizados-chave

1. A entrega contínua de valor não é apenas uma prática operacional; ela transforma a cultura organizacional.
2. Ciclos de *feedback* constantes e priorização dinâmica foram fundamentais para que as iniciativas permanecessem relevantes.

Seus projetos e iniciativas têm um ciclo claro de entrega contínua, ou há lacunas que limitam seu impacto estratégico?

Conclusão

A entrega contínua de valor representa um compromisso com a excelência estratégica e operacional. Une foco, adaptabilidade e melhoria constante em todas as áreas e níveis da organização.

Aprendizados:

1. **Valor como norte estratégico.** Cada decisão deve ser orientada para maximizar o impacto positivo nos *stakeholders* internos e externos. Isso requer uma visão clara e objetivos bem definidos, conectados aos pilares estratégicos.
2. **Adaptação contínua.** A capacidade de ajustar rapidamente processos e prioridades é uma vantagem competitiva indispensável.
3. **A importância do *feedback*.** Ciclos iterativos de *feedback* garantem que as entregas gerem oportunidades de aprendizado e evolução.

4. **Integração dos passos anteriores.** A entrega contínua de valor é sustentada por tudo o que foi construído nos passos anteriores, desde o alinhamento estratégico até a criação de times de valor, passando pela governança, cultura e tecnologia sustentável.

Olhando para o futuro

Manter a entrega contínua de valor exige mais do que processos bem estruturados. É necessário cultivar uma cultura organizacional que:

- Celebre o aprendizado constante e a melhoria progressiva.
- Valorize a colaboração e o engajamento de todas as partes interessadas.
- Priorize o impacto de longo prazo sobre resultados imediatistas.

Sua organização está preparada para fazer da entrega contínua de valor um ciclo virtuoso que leve a crescimento sustentável e resultados consistentes?

Conexão com o próximo passo: consolidando o VMO como motor estratégico. *A entrega contínua de valor não é o fim do caminho, mas a base para um ciclo de impacto sustentável. O próximo passo é consolidar o VMO para que cada entrega de valor esteja conectada à visão organizacional e à execução.*

Do passo 8 ao passo 1: reiniciando o ciclo

O VMO desempenha um papel essencial na manutenção da entrega contínua de valor, facilitando:

- **Revisões estratégicas frequentes:** o alinhamento estratégico do passo 1 deve ser continuamente revisitado, garantindo que as entregas de valor reflitam as mudanças no mercado e nas prioridades organizacionais.
- **Aprimoramento do portfólio:** o aprendizado obtido em cada ciclo de entrega alimenta decisões mais informadas sobre priorização e alocação de recursos.
- **Fomento à inovação:** o foco em inovação cultural e tecnológica, abordado nos passos anteriores, é continuamente renovado para gerar valor de forma dinâmica.

O papel do VMO na consolidação

O VMO atua como um facilitador e um guardião da entrega de valor sustentável. Ele conecta:

- **Estratégia e execução:** garante que a visão de longo prazo da organização seja traduzida em ações práticas e resultados mensuráveis.
- **Pessoas e processos:** cria um ambiente colaborativo onde times de valor podem prosperar, apoiados por governança ágil e tecnologia sustentável.
- **Inovação e sustentabilidade:** promove práticas que equilibram crescimento e eficiência, atendendo tanto às demandas atuais quanto às necessidades futuras.

Preparando o terreno para o futuro

À medida que avançamos para o próximo passo, é hora de refletir:

- Como o VMO pode ser posicionado como o catalisador principal da estratégia organizacional?
- Quais lacunas ainda precisam ser preenchidas para garantir que o ciclo de entrega de valor seja fluido e eficaz?

Seu VMO está pronto para assumir o papel de motor estratégico, conectando todos os elementos do ciclo de valor e garantindo impacto contínuo?

PARTE III. CONCLUSÃO E PRÓXIMOS PASSOS

13. O caminho à frente

Ao longo deste livro, exploramos os fundamentos, a estrutura e a aplicação prática dos 8 passos do método **VMO Expert**, um caminho para transformar a entrega de valor em um diferencial estratégico nas organizações. Agora chegamos ao ponto de amarrar os aprendizados, refletir sobre como aplicá-los e olhar para o futuro.

Este capítulo tem como objetivo relembrar os pontos-chave dos passos anteriores, destacar a importância de uma mentalidade voltada para a evolução contínua e inspirar você a transformar o aprendizado em ação. Afinal, o verdadeiro impacto do VMO não está apenas no planejamento, mas na execução consistente e adaptativa.

Qual será o primeiro passo que você dará para aplicar os aprendizados do método VMO Expert em sua organização?

Recapitulando os 8 passos do VMO Expert

Os 8 passos do método **VMO Expert** foram projetados como um ciclo contínuo que conecta estratégia, execução e resultados. Cada passo desempenha um papel essencial para que a entrega de valor seja consistente, escalável e alinhada às necessidades organizacionais e dos *stakeholders*.

1. **Alinhamento estratégico:** conectar ações organizacionais aos objetivos estratégicos, para que cada iniciativa contribua para os resultados desejados.
2. **Governança de valor:** estabelecer estruturas que monitoram e asseguram a criação de valor.

3. **Cultura da inovação:** fomentar um ambiente que estimula a criatividade, a colaboração e a experimentação como pilares da entrega de valor.
4. **Times de valor:** formar equipes multifuncionais, alinhadas estrategicamente e capacitadas para entregar resultados consistentes.
5. **Implantar do VMO:** estruturar o VMO como um centro de gestão de valor e de integração organizacional.
6. **Tecnologia sustentável:** adotar ferramentas e tecnologias que suportem a operação do VMO com eficiência, integração e escalabilidade.
7. **Comece pequeno e cresça:** validar ideias por meio de iniciativas-piloto, para expandir de forma estruturada e sustentável.
8. **Entrega contínua de valor:** criar um fluxo constante de geração de valor, ajustando estratégias com base em *feedback* e priorizando resultados significativos.

Cada passo é uma peça essencial de um sistema interconectado. Sua organização já está preparada para implementar o ciclo completo e colher os benefícios de um VMO eficaz?

A jornada contínua de um expert em entrega de valor

O caminho para se tornar um expert em entrega de valor não termina com a implementação dos 8 passos do **VMO Expert**. Pelo contrário: este é apenas o começo de uma jornada contínua de aprendizado, evolução e valor.

Profissionais que se destacam na entrega de valor são aqueles que reconhecem que o cenário corporativo está em constante mudança. Novos desafios, tecnologias emergentes e demandas dos *stakeholders* exigem adaptação e resiliência. Ser um expert em entrega de valor significa:

1. **Aprender continuamente:** estar aberto a novos conhecimentos, ferramentas e práticas que podem aprimorar sua abordagem.
2. **Adaptar-se a contextos diversos:** aplicar os princípios do método **VMO Expert** em diferentes cenários organizacionais, desde *startups* até grandes corporações.

3. **Promover colaboração:** construir redes de colaboração que integrem perspectivas variadas e enriqueçam os resultados.
4. **Liderar pelo exemplo:** Inspirar equipes e organizações a priorizarem a entrega de valor em todas as suas ações.

Na prática: imagine um líder de VMO em uma organização que enfrenta uma crise de mercado. Utilizando os princípios do método, ele adapta rapidamente a estratégia, prioriza iniciativas de alto impacto e engaja as equipes para transformar desafios em oportunidades, garantindo a sustentabilidade do negócio.

Você está preparado para abraçar a mentalidade de um expert em entrega de valor e liderar sua organização em direção a resultados significativos e sustentáveis?

Convite para continuar aprendendo e aplicando

Finalizar uma jornada é apenas o começo de outra. Ao longo deste livro, você aprendeu a estruturar, implementar e sustentar um VMO, conectando estratégia, governança, cultura, tecnologia e times ao ciclo contínuo de entrega de valor. Mas o verdadeiro impacto desse conhecimento só será alcançado quando ele for colocado em prática.

Agora, cabe a você aplicar o método, adaptá-lo às suas realidades organizacionais e explorar novas formas de gerar valor de maneira contínua e estratégica.

Por que continuar aprendendo é essencial?

1. O mundo corporativo está em constante transformação, e o aprendizado contínuo é a chave para se manter relevante e preparado.
2. Mesmo com um método robusto, como o que você aprendeu, as situações reais trarão desafios únicos que demandam reflexão e atualização constantes.
3. Cada passo dado na aplicação do método VMO Expert trará novas perguntas e oportunidades de melhoria.

Como transformar o conhecimento em ação?

- **Compartilhe seus aprendizados:** ensinar ou discutir o que você aprendeu com colegas ou líderes fortalece sua compreensão.
- **Teste suas ideias:** não espere pela perfeição. Comece pequeno e refine suas práticas com base nos resultados.
- **Busque apoio:** participe de comunidades, fóruns ou mentorias especializadas para trocar experiências e aprender com outros profissionais.

Convite final

O VMO Expert não é apenas uma metodologia, mas um chamado à transformação pessoal e organizacional. Ao abraçar esses conceitos, você se posiciona como um líder que entende que valor não é apenas um resultado, mas uma jornada contínua.

O que você fará amanhã para dar o primeiro passo na aplicação do que aprendeu hoje?

14. Perguntas de reflexão e autoavaliação

Neste capítulo, o objetivo é guiar o leitor em uma jornada de autorreflexão e autoavaliação, para que você identifique pontos fortes, oportunidades de melhoria e crie um plano claro de desenvolvimento com base no método **VMO Expert**.

A importância da reflexão e autoavaliação

Refletir sobre o próprio desempenho ajuda a identificar lacunas, alinhar ações aos objetivos estratégicos e garantir que o aprendizado se transforme em prática.

Por que refletir?

1. **Identificar pontos de melhoria:** a reflexão proporciona clareza sobre o que está funcionando e o que precisa de ajustes.
2. **Conectar aprendizados à realidade:** permite transformar conceitos abstratos em ações práticas no dia a dia.
3. **Reforçar o compromisso com a mudança:** refletir ajuda a manter o foco no impacto positivo gerado pela entrega de valor.

Como conduzir uma reflexão eficaz?

- **Reserve um tempo dedicado:** separe um momento para pensar de forma intencional sobre seus desafios e avanços.
- **Seja honesto:** reconheça, além das suas conquistas, também suas limitações e áreas que precisam de atenção.

- **Use ferramentas e estruturas:** métodos de autoavaliação estruturados, como os apresentados neste capítulo, ajudam a organizar seus pensamentos.

Reflexão: quando foi a última vez que você parou para refletir sobre sua contribuição real para a entrega de valor na sua organização?

Perguntas de reflexão e autoavaliação

A autorreflexão é uma ferramenta poderosa para o crescimento pessoal e profissional. Este capítulo apresenta uma série de perguntas para que você avalie como está sua entrega de valor e sua jornada com o método apresentado. Para cada pergunta, fornecemos respostas orientadoras que ajudam a contextualizar e aplicar os conceitos.

1. **Minhas ações estão alinhadas aos objetivos estratégicos da organização?** Se você está contribuindo diretamente para os objetivos estratégicos, suas ações terão maior impacto. Para verificar isso, analise as metas da sua área ou time e conecte-as com os KPIs organizacionais. Caso perceba desalinhamento, busque conversas com lideranças ou utilize ferramentas como OKRs para recalibrar seu foco.
2. **Estou medindo e acompanhando os resultados que gero?** Seus resultados são claros e mensuráveis? Use métricas relevantes para avaliar seu impacto. Por exemplo, em projetos, considere indicadores como ROI, eficiência de processos ou *feedback* de *stakeholders*. Caso ainda não meça os resultados, inicie com pequenas métricas relacionadas ao seu trabalho diário.
3. **Como posso melhorar minha comunicação com meu time?** Pergunte-se: os objetivos do time estão claros para todos? Os canais de comunicação estão funcionando bem? Use ferramentas colaborativas como Slack ou Microsoft Teams para melhorar o alinhamento e promova reuniões regulares para reforçar a transparência.
4. **Meu time está engajado e comprometido com a entrega de valor?** Engajamento reflete em produtividade. Se há baixa motivação, identifique as causas: falta de propósito, sobrecarga ou ausência de reconhecimento? Práticas como *feedback* contínuo e sessões de *brainstorming* podem revitalizar o entusiasmo do time.

5. **Estou investindo no meu desenvolvimento pessoal e profissional?** O aprendizado contínuo é essencial. Pergunte-se: estou atualizando minhas habilidades técnicas e comportamentais? Considere cursos, mentorias ou leitura de livros. Dedique pelo menos uma hora semanal para aprender algo novo.
6. **Como lido com mudanças e incertezas no ambiente de trabalho?** Mudanças são inevitáveis e uma oportunidade de crescimento. Desenvolva resiliência e flexibilidade, adotando abordagens como análise de riscos e planejamento de contingência. Reflita: estou reagindo ou me adaptando proativamente?
7. **Minhas decisões estão baseadas em dados ou apenas em intuições?** Decisões fundamentadas são mais eficazes. Se estiver confiando apenas na intuição, explore fontes de dados confiáveis. Ferramentas como Power BI ou Google Analytics podem ser úteis para transformar informações em *insights*.
8. **Estou compartilhando aprendizados e experiências com outras pessoas?** O compartilhamento de conhecimentos fortalece equipes e promove inovação. Crie oportunidades para disseminar boas práticas por meio de apresentações, reuniões ou documentos colaborativos.
9. **Estou alinhado aos valores e à cultura da organização?** Reflita se suas atitudes estão em sintonia com os valores organizacionais. Caso perceba desalinhamento, converse com lideranças ou colegas para entender melhor como contribuir para a cultura desejada.
10. **Estou equilibrando minhas metas pessoais e profissionais?** Estabeleça prioridades claras e aprenda a delegar tarefas. Planeje momentos de descanso e lazer para manter sua energia e motivação em alta.
11. **Como posso começar a aplicar as melhorias identificadas nas reflexões anteriores?** Crie um plano de ação simples, priorizando as áreas mais críticas. Defina metas pequenas e mensuráveis para implementar mudanças gradualmente. Use ferramentas como Trello ou Notion para acompanhar o progresso.

Use essas perguntas como um guia para ajustar sua trajetória e evoluir continuamente como profissional e líder.

Ferramentas de autoavaliação

Além das perguntas reflexivas, é essencial contar com ferramentas práticas que auxiliem na organização e no acompanhamento do seu desenvolvimento. Aqui estão algumas sugestões.

1. Roda da vida profissional

Trata-se de uma ferramenta visual que permite avaliar diferentes áreas do seu desenvolvimento profissional. Divida a roda em áreas como:

- Alinhamento estratégico
- Comunicação e colaboração
- Desenvolvimento técnico
- Liderança e gestão
- Entrega de valor

Como usar:

- Avalie cada área em uma escala de 1 a 10.
- Identifique pontos fortes e áreas de melhoria.
- Crie um plano para equilibrar sua roda, priorizando as áreas mais críticas.

2. Autoavaliação baseada em KPIs

Defina indicadores-chave de desempenho (KPIs) pessoais para medir seu progresso em áreas estratégicas. Por exemplo:

- Taxa de entrega de projetos dentro do prazo e orçamento.
- *Feedbacks* positivos de clientes internos ou externos.
- Participação em iniciativas de melhoria contínua.

Como usar:

- Revise os KPIs mensalmente.

- Identifique padrões e ajuste suas ações para melhorar os resultados.

3. *Feedback* 360°

Busque avaliações de colegas, líderes e subordinados para obter uma visão ampla sobre suas habilidades e comportamentos.

Como usar:

- Prepare perguntas focadas em áreas-chave, como comunicação, liderança e contribuição estratégica.
- Analise o *feedback* e identifique temas recorrentes.
- Defina ações práticas para abordar áreas de melhoria.

4. Diário de reflexão

Mantenha um registro regular de seus aprendizados, desafios e conquistas.

Como usar:

- Dedique 10 minutos no final de cada dia ou semana para anotar o que funcionou bem, o que pode ser melhorado e as lições aprendidas.
- Use essas anotações para revisar seu progresso periodicamente.

5. Análise SWOT pessoal

Realize uma análise de suas forças (*strengths*), fraquezas (*weaknesses*), oportunidades (*opportunities*) e ameaças (*threats*).

Como usar:

- Liste seus pontos fortes e fracos em termos de habilidades, comportamentos e atitudes.
- Identifique oportunidades de crescimento e desafios a superar.
- Use a análise para criar estratégias que maximizem seus pontos fortes e minimizem as fraquezas.

15. Próximos passos – Consolidando sua jornada como expert na entrega de valor

O encerramento deste livro marca um ponto de partida para um futuro promissor na sua trajetória profissional. Após explorar os 8 passos para estruturar um VMO eficaz e garantir a entrega contínua de valor, chegou o momento de consolidar o aprendizado e planejar as próximas etapas. Este capítulo propõe ações concretas para que você continue evoluindo como um líder estratégico e especialista na entrega de valor.

Recapitulação e reflexão

Concluir os 8 passos apresentados neste livro é apenas o início de uma jornada transformadora. Reflita sobre os aprendizados que mais se conectaram com sua realidade e como você pode aplicá-los para gerar impacto imediato. Pergunte-se:

- Qual foi o maior *insight* que você obteve neste livro?
- Como cada passo se aplica à sua organização ou contexto profissional?
- Quais ações práticas você pode começar a implementar hoje?

Ao responder essas perguntas, você estará pavimentando o caminho para ser um expert na entrega de valor.

Continue aprendendo - Formação VMO Expert

Se você está começando sua jornada ou deseja revisar os fundamentos, a **Formação VMO Expert** é uma excelente oportunidade. Este curso, composto por aulas 100% gravadas, oferece flexibilidade para aprender no seu ritmo e ajuda a cobrir lacunas no conhecimento. Com ele, você poderá construir as bases para estruturar e implementar um VMO com confiança e clareza.

Acelere resultados - Mentoria VMO Expert

Para quem busca resultados rápidos e direcionados, a **Mentoria VMO Expert** é a escolha ideal. Este programa exclusivo combina mais de 30 anos de experiência prática com *insights* de líderes do mercado, ajudando você a aplicar os conceitos aprendidos com profundidade e impacto. Além disso, a mentoria permite que você trabalhe diretamente nos desafios e oportunidades da sua organização, alcançando resultados tangíveis em um curto espaço de tempo.

Conclusão

A transformação não acontece de uma só vez, mas por meio de passos consistentes. Seja qual for sua escolha, o importante é não parar. Defina metas claras e comprometa-se com ações que reforcem seu papel como um expert na entrega de valor. Esteja aberto a novos aprendizados, conecte-se a outras lideranças e busque *feedback* constante para ajustar suas estratégias e manter-se em evolução.

A entrega de valor não é um destino final, mas um processo contínuo que exige dedicação, aprendizado e prática. Cada passo apresentado neste livro é um componente essencial para a construção de uma trajetória profissional sólida, impactante e alinhada às demandas do cenário atual.

Agora, o momento é seu. Use este conhecimento como uma plataforma para transformar sua carreira e sua organização, levando a entrega de valor a um novo patamar.

Se você deseja aprofundar seus conhecimentos ou acelerar sua evolução, explore as oportunidades apresentadas neste capítulo. Este é apenas o começo de uma jornada que pode redefinir o significado de sucesso no seu contexto profissional.

Case COPEL

Marcelo Antonelli
José Siqueira Jr.
Joachim Graf Neto
Vitor Augusto Fiates Silva
Anelise Crestani Prado
Sabrina Torchelsen Cruz

A revolução da geração de valor no PMO da COPEL

O Escritório de Gestão de Projetos (PMO) da COPEL tem demonstrado que sua atuação vai muito além da governança de projetos tradicional. Adotando uma abordagem estratégica, tornou-se referência na gestão de portfólio e na entrega de benefícios concretos para a organização. Essa jornada tem sido impulsionada por diversas iniciativas e pela parceria com especialistas, como Marcelo Antonelli, que contribuíram significativamente para a transformação do escritório.

A estrutura da COPEL e o papel da COPEL GET

A COPEL (Companhia Paranaense de Energia Elétrica) é uma *holding* que controla três empresas subsidiárias: COPEL Distribuição (COPEL DIS), COPEL Comercialização (COPEL COM) e COPEL Geração e Transmissão (COPEL GET). Este *case* se refere exclusivamente à COPEL GET, que, por governança direta, tem seu planejamento estratégico refletindo o planejamento estratégico da *holding*.

43 usinas eólicas, mais de 9.000 km de linhas de transmissão e mais de 40 subestações. Diante do desafio de manter a eficiência e competitividade, a COPEL GET tem investido fortemente na modernização de seus processos e na estruturação da governança de projetos.

Em reconhecimento ao seu avanço, o PMO da COPEL GET ficou entre os três melhores PMOs do Brasil em 2023 e em 2024 entre os três melhores VMOs do Brasil, consolidando sua posição como referência no setor.

A transformação da COPEL e a jornada para a geração de valor

A COPEL passou recentemente por um processo de privatização e reestruturação, o que trouxe desafios significativos para sua governança e gestão estratégica. Com a mudança, houve a necessidade de entregar mais resultados com menos recursos, aumentando a eficiência e aprimorando a transparência das operações.

Diante desse cenário, a diretoria da empresa percebeu que era fundamental estabelecer um conceito claro de geração de valor, garantindo que os projetos estivessem diretamente conectados aos objetivos estratégicos da organização.

Essa intenção era tão clara que a geração de valor passou a ser parte da visão da empresa:

"Ser referência nos negócios em que atua gerando valor de forma sustentável"

O PMO, que anteriormente focava apenas na gestão de projetos de engenharia, passou a ter um papel central na estrutura organizacional, gerenciando também o portfólio estratégico da empresa.

Identificando o que é valor na COPEL

A definição de valor dentro da COPEL foi um processo estruturado, envolvendo todas as principais lideranças da organização. A apresentação realizada por Marcelo Antonelli para o presidente, diretores, superintendentes, assistentes, gerentes de projeto e membros do PMO teve como principal objetivo estabelecer um entendimento unificado sobre o conceito de valor para a empresa.

As conversas com essas partes interessadas tinham as seguintes expectativas:

- Compreender as expectativas da diretoria em relação ao mapeamento da cadeia de valor dos projetos da COPEL GET.
- Identificar os principais resultados esperados e as metas a serem alcançadas com o processo de definição de valor.

O objetivo final das conversas era claro: definir o conceito de valor. E isso foi feito buscando:

- estabelecer os conceitos essenciais relacionados ao valor para a COPEL GET;
- refinar a compreensão do que significa valor para a organização, considerando diferentes perspectivas e áreas de atuação.

Para entender melhor as expectativas, foram formuladas algumas perguntas para estimular a participação dos *stakeholders*:

- Quais são os principais desafios enfrentados pela empresa atualmente?
- Quais são as áreas de maior impacto para a geração de valor na COPEL GET?
- Quais são as expectativas em relação aos resultados do mapeamento da cadeia de valor?
- Como vocês visualizam a integração dos resultados do mapeamento com as estratégias de negócio da empresa?

Todo este trabalho precisava ser feito em um curto espaço de tempo e, em função disso, necessitava muito de assertividade e apoio.

- **Assertividade:** clareza e determinação na comunicação das expectativas e dos direcionamentos para o sucesso do projeto.
- **Apoio:** suporte fornecido pela liderança para a implementação e execução eficaz do projeto.

Além dessas premissas, havia uma intenção de entregar valor, mas ainda sem convicção do que realmente era valor para a COPEL GET. Falava-se muito de valor como algo estritamente financeiro, ou até prioritariamente financeiro. Foi aí que, na função de consultor, eu levei o *slide* a seguir para todas essas reuniões.

Neste *slide* eu trouxe 4 perspectivas de valor completamente diferentes:

- **Orientação para o cliente:** a busca por soluções inovadoras e de alta qualidade que superem as expectativas dos clientes.
- **Eficiência operacional e sustentabilidade:** otimização de processos e recursos para garantir a máxima eficiência.
- **Cultura organizacional e responsabilidade social:** promoção de um ambiente inclusivo, voltado para o desenvolvimento profissional.
- **Resultados financeiros e rentabilidade:** maximização do retorno sobre o investimento dos acionistas, garantindo a sustentabilidade do negócio.

Ao mostrar o *slide* inicialmente para os diretores e para o presidente, em reuniões diferentes, fiz a seguinte pergunta: se só resultados financeiros geram valor, então não faremos mais projetos para o meio ambiente, para a satisfação dos funcionários e clientes, para o suporte social às comunidades... certo?

A resposta de todos não demorou nem 3 segundos: "Não, Marcelo!!! Tudo isso aí é valor pra gente".

Nesse momento ficou claro que precisávamos de uma ferramenta que deixasse explícito para toda a empresa o que gera valor e como gera valor.

A metodologia de avaliação de geração de valor

Para medir a geração de valor dos projetos de forma estruturada, a COPEL desenvolveu uma metodologia de avaliação qualitativa e quantitativa baseada em cinco fases:

Fase 1 - Conceito de valor

Após as conversas iniciais, foram realizadas diversas outras com todas as partes interessadas já citadas. Com o aval da Diretoria, já tínhamos o apoio para abordar com assertividade e definir o que chamamos de **Frase de Valor**.

Essa frase funcionaria semelhante à missão ou à visão da empresa, ou seja, uma declaração estratégica que simplifica o entendimento do que é valor para a COPEL GET.

É claro que no meio do caminho tivemos questionamentos como: "isso é a mesma coisa que o planejamento estratégico" ou "a empresa é muito complexa para colocar tudo em uma frase".

A questão aqui é que conhecíamos a governança perfeitamente. A Frase de Valor deve ser baseada no planejamento estratégico da COPEL GET, e este tem que ser baseado no planejamento estratégico da *holding*. Seguindo dessa forma não teríamos problemas.

Ao falar com cada uma das áreas, explicávamos quantas vezes fosse necessário o que precisaríamos delas. No fim, deixamos um "dever de casa": escrevam para nós o que, na opinião e com a vivência de vocês, é valor para a COPEL GET.

Como estávamos contando com o apoio da Diretoria e de um time mais sênior, muitas possibilidades chegaram para que depois consolidássemos:

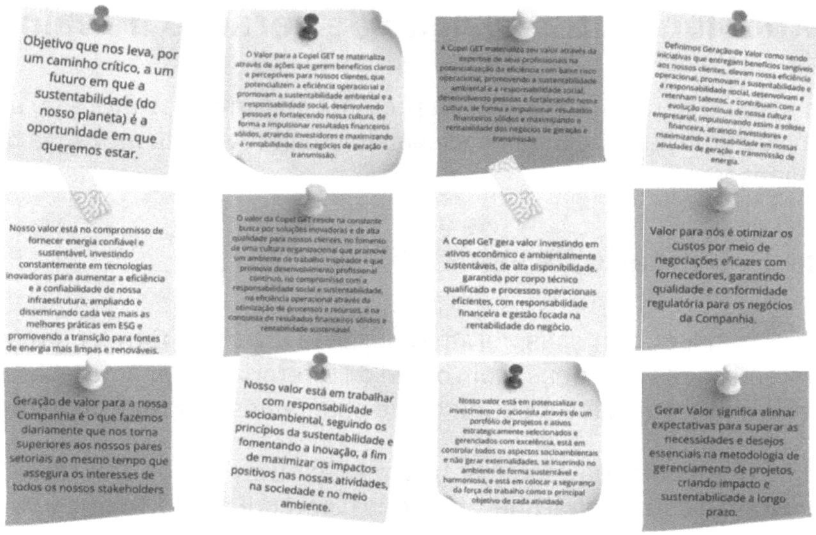

Esta frase seria apresentada para toda a empresa no IV *Workshop* do PMO da COPEL GET, com abertura do Diretor-Presidente e participação dos Diretores. Ela é uma versão simplificada e fácil de entender do que é a estratégia da empresa.

Após a consolidação, voltamos com os Diretores e finalizamos com uma palestra onde a frase de valor foi apresentada:

Fase 2 – Definição dos pilares e Mapa de Valor (avaliação qualitativa)

Dentro da frase de valor, definimos 8 pilares para que pudéssemos começar a entregar a encomenda inicial, ou seja, medir a entrega de valor.

Além disso, como a frase tinha que ser fácil de entender, resolvemos fazer uma espécie de glossário com cada um dos pilares, de forma que qualquer pessoa entendesse como as suas atividades poderiam "mexer os ponteiros" da COPEL GET.

A parte visual também foi bastante pensada. Cada pilar com uma cor diferente chamando a atenção e com uma caixa explicando o que significa para a COPEL GET cada uma das formas de entregar valor:

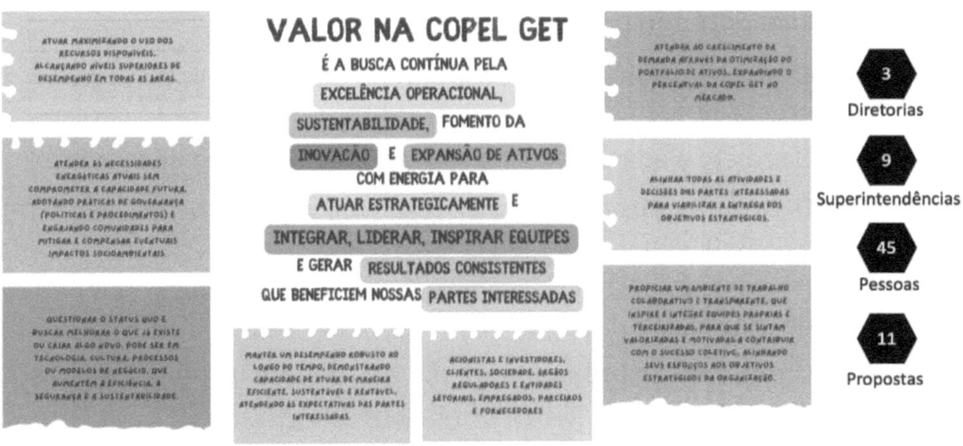

A partir destes 8 pilares, foi possível projetar o Mapa de Valor, um indicador qualitativo que indica como cada projeto entrega valor e está alinhado à estratégia (frase de valor) da empresa.

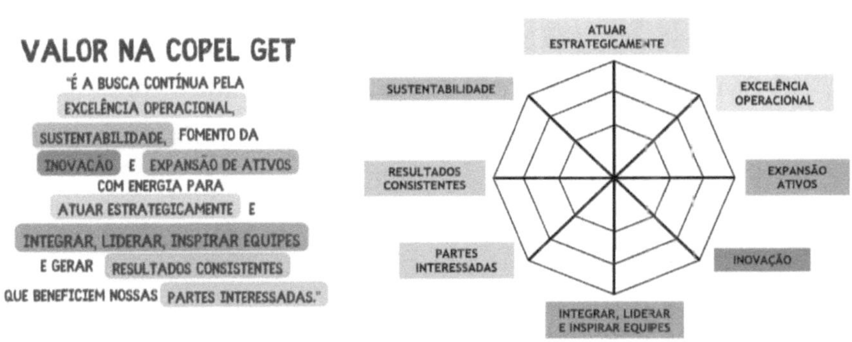

O Mapa de Valor é um gráfico radar de 8 vértices (pilares) que é construído através de perguntas feitas aos responsáveis pelos projetos. Para cada pilar são feitas 5 perguntas:

Pilar 1 - Excelência operacional

1. O projeto contribui para a melhoria dos processos internos?
2. O projeto reduz custos operacionais?
3. O projeto aumenta a eficiência das operações (ex.: maior confiabilidade e/ou agilidade aos processos)?
4. O projeto implementa ou contribui com boas práticas operacionais?
5. O projeto melhora a qualidade dos produtos/serviços oferecidos?

Pilar 2 - Atuar estrategicamente

1. O projeto está alinhado com os objetivos estratégicos da organização?
2. O projeto ajuda a identificar novas oportunidades de mercado?
3. O projeto contribui para o direcionamento das decisões estratégicas?
4. O projeto contribui para o fortalecimento da posição competitiva da organização?
5. O projeto facilita a adaptação às tendências estratégicas no mercado?

Pilar 3 - Resultados consistentes

1. O projeto entregará previsibilidade nos resultados?
2. Os benefícios do projeto serão mantidos ao longo do tempo?
3. O projeto atingirá os indicadores de performance estabelecidos?
4. Os resultados poderão ser replicados em outros projetos?
5. Os resultados do projeto irão contribuir para a estabilidade da organização?

Pilar 4 - Partes interessadas

1. O projeto trará benefícios perceptíveis e/ou irá melhorar o relacionamento com os empregados?

2. O projeto trará benefícios perceptíveis e/ou irá melhorar o relacionamento com órgãos reguladores e entidades setoriais?
3. O projeto trará benefícios perceptíveis e/ou irá melhorar o relacionamento com os fornecedores e parceiros?
4. O projeto trará benefícios perceptíveis e/ou irá melhorar o relacionamento com os acionistas e investidores?
5. O projeto trará benefícios perceptíveis e/ou irá melhorar o relacionamento com os clientes e a sociedade?

Pilar 5 - Sustentabilidade

1. O projeto irá incorporar práticas sustentáveis e de governança em suas atividades?
2. Haverá redução no impacto socioambiental devido ao projeto?
3. O projeto promoverá a sustentabilidade social dentro e fora da organização?
4. O projeto utilizará recursos de maneira eficiente e responsável?
5. O projeto contribuirá para a sustentabilidade econômica da organização?

Pilar 6 - Inovação

1. O projeto irá introduzir novas tecnologias ou métodos inovadores?
2. O projeto busca inovar em produtos ou processos existentes?
3. O projeto incentivará a cultura de inovação na companhia?
4. O projeto tem potencial para gerar patentes ou propriedade intelectual?
5. O projeto resultará em soluções inovadoras para problemas existentes?

Pilar 7 - Integrar, liderar e inspirar equipes

1. O projeto promoverá a integração das equipes envolvidas?
2. Os líderes do projeto irão inspirar e motivar suas equipes?
3. Haverá desenvolvimento de habilidades entre os membros da equipe?
4. O projeto incentivará a colaboração e o trabalho em equipe?

5. Os membros da equipe se sentirão valorizados e reconhecidos pelo projeto?

Pilar 8 - Expansão de ativos

1. O projeto irá ampliar o portfólio de ativos da organização?
2. Haverá expansão da infraestrutura ou dos recursos físicos já existentes na organização?
3. O projeto resultará em novas aquisições ou parcerias estratégicas?
4. O projeto irá atender a um crescimento da demanda do Sistema Interligado Nacional?
5. O projeto ajudará a diversificar os ativos da organização?

Para cada uma das perguntas a resposta poderia ser:

Nível	Descrição
0	Não
1	Pouco
2	Moderado
3	Muito

Depois, somamos a pontuação de cada pilar conforme a tabela a seguir:

Nível	Descrição	Qtd de respostas positivas (RP)
0	Não gera valor	RP = 0
1	Gera pouco valor	RP = 1
2	Gera moderado valor	1 < RP <= 3
3	Gera muito valor	RP >= 4

Criamos uma nova métrica, o IGV (Índice de Geração de Valor):

Desenvolvemos um gráfico radar que era alimentado por essas perguntas e respostas:

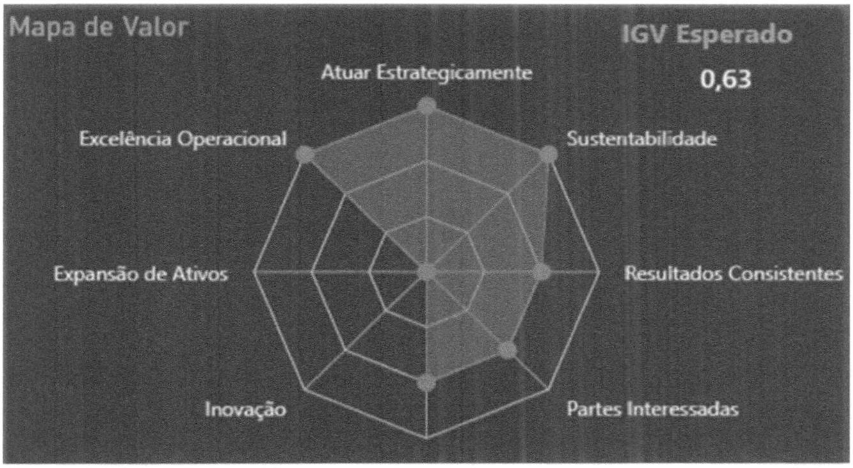

Assim, estabelecemos uma governança de valor (passo 2 do Método **VMO Expert**) que derivou o planejamento estratégico para uma frase de valor, depois para pilares de valor e finalmente para um Mapa de Valor com um indicador de valor, o IGV.

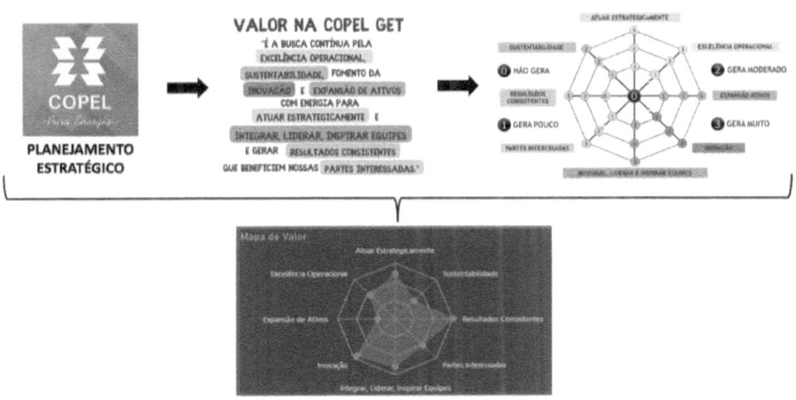

Fase 3 - Mapeamento do fluxo de valor

Em seguida, foi iniciada uma nova fase para identificar processos de entrega de valor de ponta a ponta. Assim como a grade maioria dos PMOs tradicionais, o PMO da COPEL GET é responsável apenas pelos processos de gestão de projetos, ou seja, acontece muita coisa antes do projeto e depois dele.

Cada fluxo citado é um conjunto independente de processos. O PMO só é responsável pelo fluxo central, o de projetos.

Com a evolução para se tornar um PMO focado em entrega de valor (ou um VMO), esta fase visou identificar os passos dos fluxos que acontecem antes e depois dos projetos. Para isso, foram selecionados 4 tipos de projetos para que pudéssemos identificar os seus fluxos. Assim, começamos a "bater na porta" dos *stakeholders* para entender melhor cada um desses fluxos, que funcionavam como uma espécie de caixa preta para o PMO.

Iniciamos convidando os gerentes de projetos para, primeiramente, validarem o Fluxo de Valor de Projetos (onde o PMO já atua) e nos informarem os pontos de melhoria, passos a incluir e passos a retirar. Além disso, perguntamos para eles:

1. De quem eles recebem o projeto?
2. O que acontece antes do projeto que impacta o andamento e os resultados do projeto?
3. Para quem eles entregam o resultado do projeto?

A partir daí iniciamos as conversas com as áreas que participam do fluxo de valor estratégico, como planejamento, suprimentos, jurídico, entre outras. A cada conversa fazíamos as mesmas 3 perguntas e puxávamos cada vez mais o fio do fluxo de valor integral, identificávamos dores e problemas em comum e os personagens mais importantes.

Como esperado, vários problemas que já estavam na cabeça desses personagens vieram à tona e soluções colaborativas naturalmente começaram a surgir.

Não cabe a este *case* detalhar processos e problemas encontrados, mas, sim, as ferramentas utilizadas para "colocar um holofote" nos processos da empresa que fazem parte dos fluxos de valor.

No entanto, é importante deixar claro que essa era uma lacuna que o PMO (agora com foco em entrega de valor) começou a ocupar. Ele passou então a ser percebido como um órgão solucionador.

Como diria o Tio Ben (de Homem Aranha): "Com grandes poderes, vêm grandes responsabilidades". O PMO começou a ser visto como um órgão que centraliza possíveis soluções de problemas estruturais que se perpetuavam em função de não ter uma área de característica horizontal (que atravesse todas as áreas da empresa) e com o apoio estratégico necessário para endereçar esses problemas.

Fase 4 – Fluxo de valor resumido (avaliação quantitativa)

Como você já deve ter lido até aqui, o processo de entrega de valor visa prioritariamente atender às demandas estratégicas e necessidades dos clientes, sejam eles internos ou externos.

Sendo assim, ficaria inviável apresentar fluxos de valor complexos e extensos para tomada de decisão. Criamos então um fluxo resumido para deixar claro 3 aspectos:

1. Por que o projeto foi priorizado
2. Entregas de valor ao longo do projeto
3. Entrega de valor ao fim do projeto

O passo seguinte é fazer com que todas as caixas sejam quantitativas, ou seja, possuam valor mensurável para que gerem previsibilidade ao nível estratégico.

Fase 5 – Integrar fluxos com Mapa de Valor

O tempo dos executivos é precioso, e precisávamos dar o máximo de informações para facilitar e acelerar o processo de tomada de decisão.

O PMO da COPEL GET, já bastante premiado, possuía uma governança robusta com bancos de dados de informações de projetos, cálculos automatizados de valor agregado e indicadores de projetos como SPI (*Schedule Performance Index* - índice de desempenho de prazo) e CPI (*Cost Performance Index* - índice de desempenho de custo).

Assim, informações como Curva S, SPI e CPI já faziam parte do *One Page Report* (relatório de status do projeto em 1 página) da COPEL GET. Além disso, todas as informações já faziam parte do Portal do PMO e eram alimentadas em tempo real através de painéis de BI (*Business Intelligence*).

Com toda a parte tecnológica já endereçada, precisávamos apenas incluir as novas informações de avaliações qualitativa (Mapa de Valor) e quantitativa (fluxos curtos de valor).

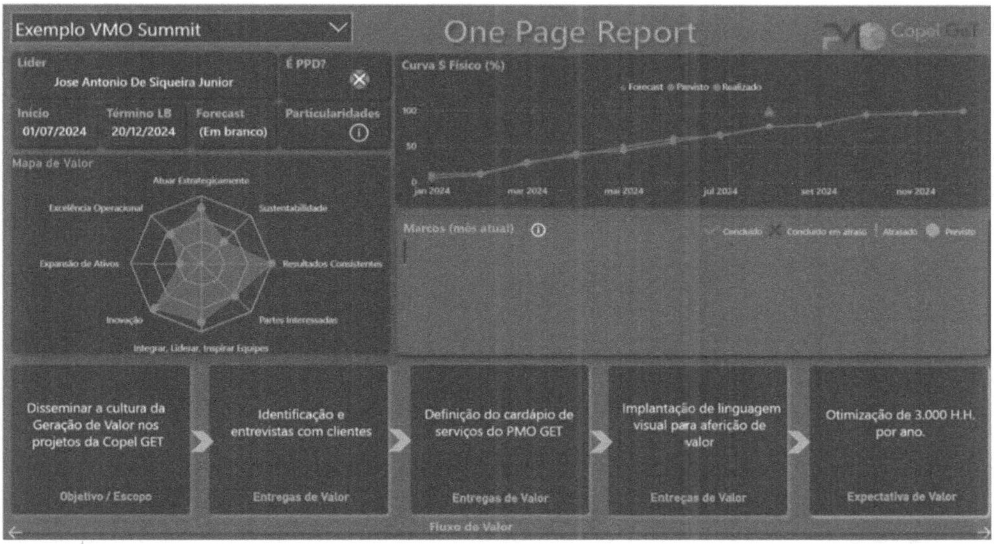

Com esta visão já era possível que os executivos identificassem **COMO** cada projeto entrega valor e está alinhado à estratégia corporativa.

Fase 6 – O valor na linha do tempo

Esta metodologia é uma espiral, ou seja, vai entregando cada vez mais valor considerando as entregas anteriores.

A Fase 5 mostrou que os executivos podem acompanhar como o projeto entrega valor, qual o valor entregue e qual estratégia foi atingida. A Fase 6 vem para dizer **QUANDO** cada entrega de valor está planejada para ser entregue.

Isso quer dizer que os gerentes de projeto precisarão incluir marcos intencionais no cronograma para serem refletidos no fluxo curto de valor. Com esses marcos, será possível vincular o momento da entrega na Curva S com as entregas do fluxo de valor.

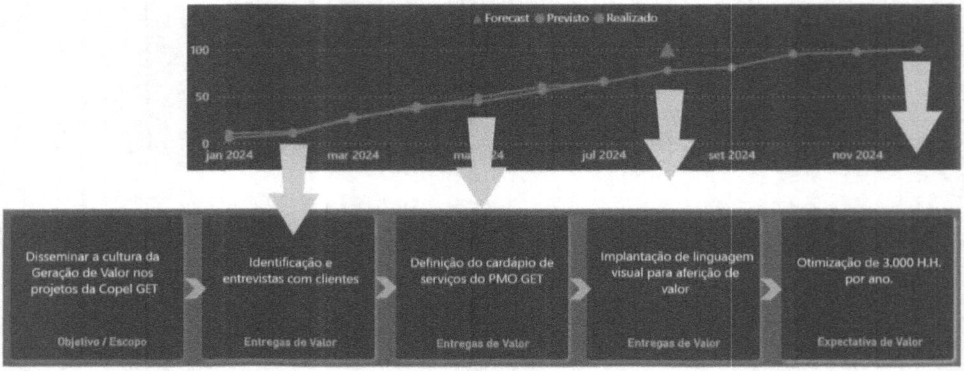

Veja que agora será possível saber como o projeto entrega valor, quando entrega valor e quanto de valor será entregue. E mais: com o acompanhamento da Curva S, é possível saber com muito mais antecedência se a entrega vai atrasar.

A decisão do gerente de projetos de informar ou não uma determinada ameaça (risco negativo) de atraso ou oportunidade (risco positivo) de antecipação deixa de ser subjetiva. Visualmente, o risco fica claro e os questionamentos dos executivos passam a ser algo natural.

O poder e a velocidade na tomada de decisão passam a ser imediatos.

Resultados concretos e impacto estratégico

Os avanços promovidos pelo PMO já geravam resultados expressivos para a organização. Um dos principais benefícios foi a redução do índice de aditivos contratuais, que passou de 20%-23% para 7%, representando um aumento significativo na previsibilidade e eficiência dos projetos. Além disso, a taxa de projetos entregues dentro do prazo saltou de 30% para 94%, de acordo com dados da ANEEL (Agência Nacional de Energia Elétrica).

Outro reflexo positivo dessa evolução foi o crescimento da taxa interna de retorno (TIR) dos projetos, que registrou um incremento de 1,5%. Esse resultado demonstra que, além de melhorar a gestão, o PMO tem proporcionado benefícios financeiros concretos para a empresa.

A disseminação do conhecimento sobre geração de valor também tem sido um diferencial, com mais de 1.500 profissionais impactados por *workshops* internos voltados para a cultura da gestão estratégica.

Conclusão: o futuro do PMO da COPEL

A trajetória do PMO da COPEL demonstra que um escritório de projetos pode ser muito mais do que um centro de governança. Quando estruturado de forma estratégica e orientado à entrega de valor, ele se torna um agente fundamental para a transformação da empresa.

A parceria com especialistas, como Marcelo Antonelli, foi um marco nessa jornada, consolidando a governança e ampliando a entrega de valor de forma tangível. O *case* da COPEL serve de inspiração para outras organizações que buscam fortalecer sua gestão de projetos e maximizar os benefícios estratégicos para o negócio.

Com um olhar contínuo para a inovação, a tecnologia e o aprimoramento de processos, o PMO da COPEL está pavimentando um caminho sólido para a gestão de valor no setor elétrico e além. A experiência adquirida nos últimos anos mostra que, ao colocar a geração de valor no centro da estratégia, as empresas conseguem não apenas otimizar seus projetos, mas também criar um impacto duradouro para seu crescimento e sua sustentabilidade.

Referências

CHANDLER, A. D. **Strategy and Structure:** chapters in the history of the American industrial enterprise. Cambridge, MA: MIT Press, 1962.

GOLEMAN, D. **Inteligência emocional:** a teoria revolucionária que redefine o que é ser inteligente. Rio de Janeiro: Objetiva, 1996.

GONÇALVES, V.; CAMPOS, C. **HCMBOK:** The Human Change Management Body of Knowledge. 3.ed. Rio de Janeiro: Brasport, 2016.

GROYSBERG, B. *et al.* The Leader's Guide to Corporate Culture. **Harvard Business Review**, Jan.-Feb. 2018. Disponível em: <https://hbr.org/2018/01/the-leaders-guide-to-corporate-culture>. Acesso em: 05 fev. 2025.

HIATT, J. M. **ADKAR:** a model for change in business, government and our community. Loveland, CO: Prosci Learning Center, 2006.

HOBBS, B.; AUBRY, M. **The Project Management Office (PMO):** a quest for understanding. Newtown Square, PA: Project Management Institute, 2010.

TALEB, N. N. **Antifragile:** things that gain from disorder. New York, NY: Random House, 2012.

CASCIO, J. Facing the Age of Chaos. **Medium**, Apr. 29, 2020. Disponível em: <https://medium.com/@cascio/facing-the-age-of-chaos-b00687b1f51d>. Acesso em: 05 fev. 2025.

Sobre a Brasport

Há 30 anos, a Brasport é referência em publicações de tecnologia, gestão e carreira.

Nosso catálogo, disponível em **www.editorabrasport.com.br**, é composto por obras que você encontra tanto em livrarias físicas, como na Amazon e em eventos especializados.

Além disso, nossas publicações estão acessíveis em uma plataforma digital que alcança 4 milhões de assinantes, distribuídos em 900 universidades e empresas.

Quer se unir a essa trajetória de sucesso? Entre em contato conosco pelo e-mail: **administrativo@brasport.com.br**

BRASPORT